In de startblokken

IN DE STARTBLOKKEN

Nederlands voor Duitstaligen

Berna de Boer
Margaret van der Kamp
Birgit Lijmbach

Tweede druk

bussum 2017

www.coutinho.nl/indestartblokken
Je kunt aan de slag met het online studiemateriaal. Dit materiaal bestaat uit extra oefeningen, woordenlijsten per hoofdstuk en een verzamelde woordenlijst voor de taalleerders.

© 2009/2017 Uitgeverij Coutinho bv
Alle rechten voorbehouden.
Behoudens de in of krachtens de Auteurswet van 1912 gestelde uitzonderingen mag niets uit deze uitgave worden verveelvoudigd, opgeslagen in een geautomatiseerd gegevensbestand, of openbaar gemaakt, in enige vorm of op enige wijze, hetzij elektronisch, mechanisch, door fotokopieën, opnamen, of op enige andere manier, zonder voorafgaande schriftelijke toestemming van de uitgever.
Voor zover het maken van reprografische verveelvoudigingen uit deze uitgave is toegestaan op grond van artikel 16 h Auteurswet 1912 dient men de daarvoor wettelijk verschuldigde vergoedingen te voldoen aan Stichting Reprorecht (Postbus 3051, 2130 KB Hoofddorp, www.reprorecht.nl). Voor het overnemen van (een) gedeelte(n) uit deze uitgave in bloemlezingen, readers en andere compilatiewerken (artikel 16 Auteurswet 1912) kan men zich wenden tot Stichting PRO (Stichting Publicatie- en Reproductierechten Organisatie, Postbus 3060, 2130 KB Hoofddorp, www.stichting-pro.nl).

Eerste druk 2009
Tweede druk 2017

Uitgeverij Coutinho
Postbus 333
1400 AH Bussum
info@coutinho.nl
www.coutinho.nl

Zetwerk: studio Pietje Precies bv, Hilversum
Omslag: Bureau Van den Tooren, Amsterdam

Noot van de uitgever
Wij hebben alle moeite gedaan om rechthebbenden van copyright te achterhalen. Personen of instanties die aanspraak maken op bepaalde rechten, wordt vriendelijk verzocht contact op te nemen met de uitgever.

ISBN 978 90 469 0567 8
NUR 624

Voorwoord

Voor je ligt *In de startblokken*, een beginnersmethode Nederlands voor Duitstaligen. Het doel van het boek is dat je snel eenvoudige gesprekken in het Nederlands kunt voeren en de essentie van teksten begrijpt.

Dit boek is ontstaan naar aanleiding van de vraag naar een snelle methode Nederlands voor Duitstaligen. Het is ontwikkeld in de praktijk van het Talencentrum van de Rijksuniversiteit Groningen. *In de startblokken* is bedoeld voor de beginfase van een cursus voor Duitse studenten die in Nederland willen gaan studeren en die in korte tijd het Staatsexamen NT2 II moeten halen.
Tijdens de ontwikkeling van het boek hebben we in de verschillende cursussen diverse proefversies gebruikt.

We bedanken alle collega's en cursisten die met de proefversies hebben gewerkt en die door hun commentaar het boek hebben verbeterd. Ook bedanken we de directeur van het Talencentrum, Anje Dijk, voor de mogelijkheid om aan dit boek te werken.

We hebben dit boek met veel plezier geschreven. We hopen dat de gebruikers, docenten en studenten, er net zo veel plezier aan beleven.

Berna de Boer, Margaret van der Kamp en Birgit Lijmbach
Groningen, februari 2009

Pictogrammen

De pictogrammen in het boek verwijzen naar:

- de geluidsfragmenten op de website:

- de kopieerbladen:

www.coutinho.nl/indestartblokken

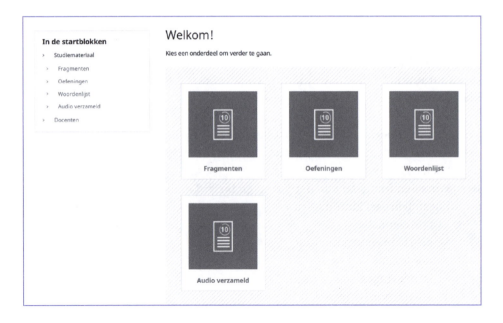

Inhoud

1 Welkom — 13

Dialoog — 13
Woordenlijst — 14
Vocabulaire en grammatica — 15
- begroeten
- afscheid nemen
- zich voorstellen
- informatie vragen
- adres en land van herkomst
- personaal pronomen + verbum (werkwoord)
- landen / talen / nationaliteiten
- telwoorden
- alfabet
- spellen

Opdrachten 1, 2, 3, 4 — 18

2 In de kantine — 20

Dialoog — 20
Woordenlijst — 21
Vocabulaire en grammatica — 22
- familierelaties
- beschrijven van mensen
- hoofdzin
- ja-neevragen
- vraagwoordvragen
- possessief pronomen
- de klok
- dagen, maanden, seizoenen

Opdrachten 5, 6, 7, 8 — 25
Uitspraak o – oo, a – aa — 28

3	**In het café**	**29**

    Dialoog   29
    Woordenlijst   30
    Vocabulaire en grammatica   31
- bestellen
- afrekenen
- bedanken
- lidwoord
- dimunitief
- hoofdzin met inversie
- rangtelwoorden

    Opdrachten 9, 10, 11, 12   33

4	**Op straat**	**35**

    Dialoog   35
    Woordenlijst   36
    Vocabulaire en grammatica   37
- vragen hoe het gaat
- vertellen hoe het gaat
- een afspraak maken
- positief / negatief reageren
- vragen iets samen te doen
- positief / negatief reageren
- zullen (1) – voorstel

    Opdrachten 13, 14, 15, 16, 17   38
    Uitspraak u – uu, e – ee   40

5	**Op de markt**	**41**

    Dialoog   41
    Woordenlijst   42
    Vocabulaire en grammatica   43
- vragen / zeggen wat je wilt kopen
- de groente
- het fruit
- betalen
- adjectief
- pluralis

    Opdrachten 18, 19, 20, 21   46

6 In een restaurant — 49

Dialoog	49
Woordenlijst	51
Vocabulaire en grammatica	52

- vragen hoe iemand iets vindt
- positief / negatief beoordelen
- gangen
- het bestek
- een fooi geven
- modale werkwoorden

Opdrachten 22, 23, 24, 25	54
Uitspraak i – ie	55

7 In een kledingzaak — 56

Dialoog	56
Woordenlijst	57
Vocabulaire en grammatica	58

- de maat / het model
- passen
- kleding
- kleuren
- comparatief en superlatief
- objectvorm van het personaal pronomen
- demonstratief pronomen

Opdrachten 26, 27, 28, 29	61

8 Bij een makelaar — 64

Dialoog	64
Woordenlijst	65
Vocabulaire en grammatica	66

- soorten woonruimte
- in en bij het huis
- meubels
- negatie
- preposities

Opdrachten 30, 31, 32, 33, 34	69
Uitspraak ij – eu	72

9 Bij de huisarts — 73

Dialoog — 73
Woordenlijst — 74
Vocabulaire en grammatica — 75
- bij de huisarts
- lichaamsdelen
- reacties
- dagdelen
- perfectum
- iets / niets

Opdrachten 35, 36, 37, 38 — 78

10 Bij de fietsenmaker — 80

Dialoog — 80
Woordenlijst — 81
Vocabulaire en grammatica — 82
- zeggen dat je iemand niet verstaat
- zeggen dat je iets / iemand niet begrijpt
- vragen hoe je iets zegt in het Nederlands
- de fiets
- imperfectum
- perfectum en imperfectum
- *betekenen* en *bedoelen*

Opdrachten 39, 40, 41, 42 — 84
Uitspraak ui – eu, ij – ei — 87

11 Op een verjaardag — 88

Dialoog — 88
Woordenlijst — 89
Vocabulaire en grammatica — 90
- vragen over werk, studie, hobby's
- reacties
- reflexieve werkwoorden
- bij zich hebben
- elkaar

Opdrachten 43, 44, 45, 46 — 92

12	**Naar de Evenementenhal**	94
	Dialoog	94
	Woordenlijst	95
	Vocabulaire en grammatica	96
	◆ de weg vragen / wijzen	
	◆ scheidbare werkwoorden	
	◆ imperatief	
	Opdrachten 47, 48, 49, 50, 51	98
	Uitspraak ou – ui	99
13	**Bij vrienden**	100
	Dialoog	100
	Woordenlijst	101
	Vocabulaire en grammatica	102
	◆ mening vragen / geven	
	◆ praten over koetjes en kalfjes	
	◆ zullen (2) – belofte	
	Opdrachten 52, 53, 54, 55	103
14	**Met de trein**	106
	Dialoog	106
	Woordenlijst	107
	Vocabulaire en grammatica	108
	◆ informatie vragen	
	◆ zullen (3) – waarschijnlijkheid, vaak met *wel*	
	◆ futurum	
	Opdrachten 56, 57, 58, 59, 60	109
	Uitspraak oe – u – uu	113
15	**In de trein**	114
	Dialoog	114
	Woordenlijst	115
	Vocabulaire en grammatica	116
	◆ beschrijven wat je ziet	
	◆ demonstratief pronomen – zelfstandig	
	Opdrachten 61, 62, 63, 64	117

16   Naar de bioscoop — 120

Dialoog	120
Woordenlijst	121
Vocabulaire en grammatica	122
• conjuncties	
Opdrachten 65, 66, 67, 68	122
Uitspraak -ig, -lijk	124

17   Met de helpdesk — 125

Dialoog	125
Woordenlijst	127
Vocabulaire en grammatica	128
• telefoneren	
• er	
• zijn + aan het + infinitief	
opdrachten 69, 70, 71, 72	129

18   Bij de politie — 132

Dialoog	132
Woordenlijst	133
Vocabulaire en grammatica	134
• conjuncties	
Opdrachten 73, 74, 75, 76, 77	135
Uitspraak g – sch – isch	138

Bijlagen

1	Checklist niveau A2	139
2	Grammaticaoverzicht	142
3	Onregelmatige werkwoorden	158
4	Illustratieverantwoording	162
5	Landkaart	163
6	Register	164
7	Antwoorden	179

1 Welkom

Dialoog

Docent: Goedemorgen allemaal.
Welkom in de cursus Nederlands.
Ik ben Karin Dijkstra en ik ben jullie docent.
Jullie hebben twee docenten. De andere docent is Paul de Vries. Hij geeft twee dagen les en ik drie.
We beginnen met kennismaken.
Wie ben jij? Wat is jouw naam?
Cursist: Ik ben Silke. Mijn naam is Silke.
Docent: Dag Silke. Silke is je voornaam en wat is je achternaam?
Silke: Mijn achternaam is Kömhoff.
Docent: Uit welk land kom je?
Silke: Ik kom uit Duitsland.
Docent: De buurman van Silke: Wie ben jij? Hoe heet jij?
Buurman: Ik heet Timo.
Docent: Dag Timo. En waar kom je vandaan?

hoofdstuk 1 Welkom

Timo: Ik kom ook uit Duitsland.
Docent: Waar woon je?
Timo: Ik woon nu in Groningen.
Docent: Wat is je adres?
Timo: Mijn adres is Hofstraat 24.
Docent: Op welk nummer?
Timo: 24. En mijn postcode is 9717 EK in Groningen.
En u mevrouw? Woont u ook in Groningen?
Docent: Zeg maar jij, hoor. Ja, ik woon hier al twintig jaar.
Oké, we gaan verder met de les. Heeft iedereen het boek en de cd?
We beginnen met tekst 1 op bladzijde 8. We luisteren naar tekst 1.
(…)
We stoppen even, het is pauze. Tot straks.

Woordenlijst

welkom	willkommen	beginnen (beginnen) met	beginnen / anfangen mit
goedemorgen	guten Morgen	kennismaken	Bekanntschaft machen / kennenlernen
allemaal	alle zusammen		
in de cursus Nederlands	im Niederländisch Kurs		
		wie	wer
ik	ich	ben (zijn)	bist
ben (zijn)	bin	jij	du
en	und	wat	was
jullie	euer	jouw	dein
de docent	Dozent	de naam	Name
jullie	ihr	de cursist	Kursteilnehmer
hebben (hebben)	habt	mijn	mein
twee	zwei	dag	Tag
docenten (docent)	Dozenten	je	dein
andere	andere	de voornaam	Vorname
is (zijn)	ist	de achternaam	Nachname
hij	er	uit	aus
geeft les (lesgeven)	unterrichtet	welk	welchem
dagen (de dag)	Tage	het land	Land
drie	drei	kom (komen)	kommst
we	wir	kom (komen)	komme

Vocabulaire en grammatica

Duitsland	Deutschland	ja	ja
de buurman	Nachbar	hier	hier
van	von	al	schon / bereits
hoe	wie	twintig jaar	zwanzig Jahren
heet (heten)	heißt	het jaar	Jahr
heet (heten)	heiße	oké	okay / gut
waar … vandaan	woher	gaan verder	machen
ook	auch	(verdergaan)	weiter
waar	wo	de les	Unterricht
woon (wonen)	wohnst	heeft (hebben)	hat
woon (wonen)	wohne	iedereen	jeder
nu	jetzt	het boek	Buch
in	in	de cd	CD
het adres	Adresse / Anschrift	de tekst	Text
op	(auf)	één	eins
welk nummer	welche Haus-	de bladzijde	Seite
	nummer	acht	acht
het nummer	Nummer	luisteren	anhören
de postcode	Postleitzahl	naar	(nach)
u	Sie	stoppen (stoppen)	hören auf
mevrouw	Frau	even	eben / kurz
woont (wonen)	wohnen	het is	es ist
zeg (zeggen)	sage	de pauze	Pause
maar	einfach	tot straks	bis gleich
hoor	ja? / okay?	straks	gleich / nachher

Vocabulaire en grammatica

◆ **Begroeten** **Begrüßen**

goedemorgen — guten Morgen
goedemiddag — guten Tag
goedenavond — guten Abend
goedendag — guten Tag
dag — Tag
hoi — grüß dich / hallo
hallo — hallo

hoofdstuk 1 Welkom

◆ **Afscheid nemen**   **Sich verabschieden**

goedendag   guten Tag
dag   tschüs
hoi   tschüs
doeg   tschüs
tot zo   bis gleich
tot straks   bis gleich
tot morgen   bis morgen
tot ziens   auf Wiedersehen

◆ **Zich voorstellen** (sich vorstellen)

Ik ben Silke Kömhoff.   Wie ben jij?
Mijn naam is Silke Kömhoff.   Wat is jouw naam?
                                 Wat is je voornaam? Wat is je achternaam?
Ik heet Silke.   Hoe heet jij?

◆ **Informatie vragen**

Wat is jouw / je adres?
Waar woon jij / je?

Uit welk land kom je?
Waar kom je vandaan?

◆ **Adres en land van herkomst**

Mijn adres is Hofstraat 24, 9717 EK Groningen.
Ik woon in Groningen.
Ik woon in de Hofstraat.
Ik kom uit Duitsland.

◆ **Personaal pronomen + verbum (werkwoord)**

Ik ben Silke.
Hij geeft twee dagen les en ik drie.
We luisteren naar tekst 1.

Waar woon je?
Woont u ook in Groningen?

Vocabulaire en grammatica

	wonen	hebben	zijn
ik	woon	heb	ben
jij / je	woont	hebt	bent
u	woont	hebt / heeft	bent
hij, zij / ze, het	woont	heeft	is
wij / we	wonen	hebben	zijn
jullie	wonen	hebben	zijn
u	woont	hebt / heeft	bent
zij / ze	wonen	hebben	zijn

Maar: Woon je? Heb jij? Ben jij?

◆ **Landen / talen / nationaliteiten**

Ik kom uit Nederland.   Ik spreek Nederlands.   Ik ben Nederlander /
                                                                                                               Nederlandse.
Ik kom uit Duitsland.   Ik spreek Duits.   Ik ben Duitser / Duitse.
Ik kom uit Engeland.   Ik spreek Engels.   Ik ben Engelsman / Engelse.

◆ **Telwoorden**

0	nul				
1	één	11	elf	21	eenentwintig
2	twee	12	twaalf	22	tweeëntwintig
3	drie	13	dertien	30	dertig
4	vier	14	veertien	40	veertig
5	vijf	15	vijftien	50	vijftig
6	zes	16	zestien	60	zestig
7	zeven	17	zeventien	70	zeventig
8	acht	18	achttien	80	tachtig
9	negen	19	negentien	90	negentig
10	tien	20	twintig	100	honderd

124   honderdvierentwintig
1000 duizend

◆ **Alfabet**

a – b – c – d – e – f – g – h – i – j – k – l – m – n – o
p – q – r – s – t – u – v – w – x – y – z

hoofdstuk 1 Welkom

ij – lange ij
ei – korte ei
y – Griekse ij

◆ **Spellen**

Kun je dat spellen?
Kömhoff, hoe spel je dat?   Met o umlaut en dubbel f.
Silke, is dat met een s of een c?   Met een s.

Opdrachten

Opdracht 1
Vul een personaal pronomen in.

1 Dit is John, mijn buurman. _____Hij_____ is Engelsman.
2 Sonja, kun _____jij_____ je achternaam spellen?
3 De andere docent heet Herman. _____Hij_____ geeft twee dagen les.
4 Mark en Tanja, komen _____jullie_____ ook uit Duitsland?
5 Mijn naam is Shirley en _____ik_____ kom uit Engeland.
6 Mevrouw Govers, spreekt _____u_____ Duits?
7 Dit is de andere docent. _____ze_____ heet Anne-Marie.
8 Jullie docenten zijn Herman en Anne-Marie. _____ geven les.
9 Ik kom uit Duitsland. En _____, Beate? Kom _____ ook uit Duitsland?
10 _____ bent nu twee dagen in Nederland en _____ spreekt al Nederlands!

Opdracht 2

Kies de correcte vorm van het werkwoord.

1 Hebben / hebt jullie al pauze?
2 We ga / gaan verder met de tekst.
3 Kun / kunt u uw naam spellen?
4 Geef / geeft Richard ook les?
5 Iedereen komt / komen uit Duitsland.
6 Hij heeft / hebt mijn boek.
7 We stopt / stoppen even.
8 Spreekt / spreek je al Nederlands?
9 Matthew en Linda komt / komen uit Engeland.
10 U begint / beginnen met de les.
11 Wij wonen / woon nu in Nederland.
12 Mevrouw Halvers is / zijn jullie docent.

Opdracht 3

Vraag aan drie andere cursisten de voornaam en achternaam. Hoe spel je dat?

Opdracht 4

Ga in alfabetische volgorde staan, alfabetisch op achternaam. Je mag alleen Nederlands praten!

2 In de kantine

Dialoog

Silke en Tina hebben pauze en zitten in de kantine.

Silke: Is deze plaats vrij?
Tina: Ja hoor.
Silke: Zo, een lekker kopje koffie.
Tina: Woon je al lang in Groningen?
Silke: Nee, pas drie dagen, of vier. Welke dag is het eigenlijk vandaag?
Tina: Het is donderdag, 20 augustus. Morgen ben ik jarig.
Silke: Wat leuk! Ik ben in december jarig, dus in de winter. Krijg je nog bezoek?
Tina: Ja, mijn broer komt.
Silke: Wie is jonger? Hij of jij?
Tina: Hij is jonger, maar wel langer.
Silke: Heb je nog meer broers of zussen?
Tina: Ja, ik heb nog een zus. Kijk, hier is een foto.

Silke:	Goh, ze is een heel ander type. Ze heeft kort, blond haar en jij donker haar.		
	Komen je ouders ook op bezoek?		
Tina:	Nee, ze zijn op dit moment in Indonesië.		
Silke:	Wat doen ze daar? Zijn ze daar op vakantie?		
Tina:	Ja, en mijn vader is daar ook voor zijn werk.		
Silke:	Welk seizoen is het daar nu? Wanneer is het daar zomer?		
Tina:	Ik weet het niet. Maar vertel eens over jouw familie.		
Silke:	Dat wil ik wel, maar hoe laat is het eigenlijk?		
Tina:	Het is 11.00 uur. We moeten weer naar de les.		

Woordenlijst

zitten (zitten)	sitzen	dus	also
de kantine	Kantine	de winter	Winter
deze	dieser	krijg (krijgen)	kriegst / bekommst
de plaats	Platz	nog	noch
vrij	frei	**het** bezoek	Besuch
ja hoor	ja / ja klar	de broer	Bruder
zo	so	jonger (jong)	jünger
lekker	lecker	maar	aber
het kopje	Tasse	wel	wohl
de koffie	Kaffee	langer (lang)	größer
al lang	schon lange	meer	mehr
nee	nein	broers en zussen	Geschwister
pas	erst	broers (broer)	Brüder
of	oder	zussen (zus)	Schwestern
vier	vier	de zus	Schwester
welke	welcher / was für ein	kijk (kijken)	schau / guck / sieh
		de foto	Foto
eigenlijk	eigentlich	goh	oh!
vandaag	heute	heel	ganz
donderdag	Donnerstag	**het** type	Typ
augustus	August	kort	kurzes
morgen	morgen	blond	blondes
ben jarig (jarig zijn)	habe Geburtstag	het haar	Haar
wat leuk	schön!	donker	dunkles
december	Dezember	de ouders	Eltern

hoofdstuk 2 In de kantine

komen op bezoek (op bezoek komen)	kommen zu Besuch	de zomer	Sommer
op dit moment	im Moment / im Augenblick	weet (weten)	weiß
		niet	nicht
Indonesië	Indonesien	vertel (vertellen)	erzähle
doen (doen)	machen / tun	eens	mal
daar	dort	over	von / über
op vakantie	im Urlaub	de familie	Familie
de vakantie	Urlaub	dat	das
de vader	Vater	wil (willen)	möchte / will
voor	für	laat	spät
zijn	seine	**het** uur	Uhr
het werk	Arbeit	moeten (moeten)	müssen
het seizoen	Jahreszeit	weer	wieder
wanneer	wann	naar	zu / in

Vocabulaire en grammatica

◆ **Familierelaties**   Verwandtschaftsbeziehungen

het gezin	Familie (Eltern + Kinder)
de ouders	Eltern
de vader	Vater
de moeder	Mutter
het kind	Kind
de zoon	Sohn
de dochter	Tochter
de broer	Bruder
de zus	Schwester
de familie	Familie (Verwandtschaft)
de oom	Onkel
de tante	Tante
de neef	Neffe / Cousin
de nicht	Nichte / Cousine

Vocabulaire en grammatica

- **Beschrijven van mensen**

  Hij is jonger.
  Ik ben ouder.
  Hij is lang.
  Ze is klein.
  Ze heeft kort, blond haar.
  Ik heb lang, donker haar.
  Hij heeft een bril.

- **Hoofdzin**

Ik	kom		uit Duitsland.
Ik	woon	nu	in Groningen.
Ze	zijn	op dit moment	in Indonesië.

- **Ja-neevragen**

  Woon je al lang in Groningen?
  Is deze plaats vrij?
  Krijg je nog bezoek?
  Zijn ze daar op vakantie?

- **Vraagwoordvragen**

  Wie ben jij?
  Wie is jonger?
  Hoe heet jij?
  Hoe laat is het?
  Wat is je adres?
  Wat doen ze daar?
  Wanneer is het daar zomer?
  Waar woon je?
  Waar kom je vandaan?
  Uit welk land kom je?
  Welke dag is het eigenlijk vandaag?
  Waarom zijn je ouders in Indonesië?

hoofdstuk 2 In de kantine

◆ **Possessief pronomen**

Mijn broer komt.
Komen je ouders ook op bezoek?

Subject	Possessief pronomen
ik	mijn broer
jij / je	jouw / je ouders
u	uw adres
hij	zijn werk
zij / ze	haar foto
wij / we	onze les ons adres
jullie	jullie docent
zij / ze	hun familie

◆ **De klok** (die Uhr)

Hoe laat is het?
11.00	Het is elf uur.
11.05	Het is vijf over elf.
11.10	Het is tien over elf.
11.15	Het is kwart over elf.
11.20	Het is tien voor half twaalf. / Het is twintig over elf.
11.25	Het is vijf voor half twaalf.
11.30	Het is half twaalf.
11.35	Het is vijf over half twaalf.
11.40	Het is tien over half twaalf. / Het is twintig voor twaalf.
11.45	Het is kwart voor twaalf.
11.50	Het is tien voor twaalf.
11.55	Het is vijf voor twaalf.

een uur	11.00-12.00
een half uur	11.00-11.30
een kwartier	11.00-11.15
een minuut	11.00-11.01

◆ **Dagen, maanden, seizoenen**   **Tage, Monate, Jahreszeiten**

    Eergisteren was het dinsdag.   Vorgestern war Dienstag.
    Gisteren was het woensdag.   Gestern war Mittwoch.
→ Vandaag is het donderdag.   Heute ist Donnerstag.
    Morgen is het vrijdag.   Morgen ist Freitag.
    Overmorgen is het zaterdag.   Übermorgen ist Samstag.

    Het is zondag.   Es ist Sonntag.
    Het is maandag.   Est ist Montag.

de winter	de lente / het voorjaar	de zomer	de herfst / het najaar
der Winter	der Frühling / das Frühjahr	der Sommer	der Herbst

januari	april	juli	oktober
februari	mei	augustus	november
maart	juni	september	december

Opdrachten

Opdracht 5
Vul een possessief pronomen in.

1 Wij wonen nu in Zwolle. _____ adres is Rozenstraat 8.

2 Ik woon in Amersfoort en _____ zus woont in Rotterdam.

3 Mevrouw Jansen, gaat u met _____ broer op vakantie?

4 Vera en Hilda, vertellen jullie eens over _____ vakantie.

5 Dit is Silke en _____ achternaam is Brünner.

6 Herman, de docent, spreekt met _____ buurman over de cursus.

7 Wij komen uit Duitsland en _____ cursus begint maandag.

8 Tina en Paul zitten met _____ docent in de kantine.

9 Theresa, woont _____ familie ook in Nederland?

10 Peter moet voor _____ werk naar Indonesië.

hoofdstuk 2 In de kantine

Opdracht 6
Vul een vraagwoord in. Kijk naar het antwoord!

1 _____ heet jouw zus?   Mijn zus heet Sandra.
2 _____ doe je vandaag?   Ik ga naar de cursus.
3 _____ woont Astrid?   Astrid woont in de Brugstraat.
4 _____ cursus doe je?   Ik doe nu cursus 1.
5 _____ heeft mijn boek?   Ik. Ik heb jouw boek.
6 _____ laat is het?   Het is nu tien voor twee.
7 _____ weet Joachim niet?   Hij weet Martins adres niet.
8 _____ komt Patrick vandaan?   Patrick komt uit Nijmegen.
9 _____ dag is het?   Het is vandaag maandag.
10 Over _____ boek vertelt Jeroen? Hij vertelt over Romeo en Juliet.
11 Met _____ zit je in de kantine? Ik zit met Petra in de kantine.
12 _____ begint de zomer?   De zomer begint op 21 juni.

Opdracht 7
Je ziet foto's van gezinnen. Werk in tweetallen. Kies één persoon van het gezin. Vertel (fantaseer!) hoe hij / zij heet. Hoe oud is hij / zij?
Vertel / fantaseer over zijn / haar broers en zussen en ouders. Wat doen ze? Waar wonen ze? Waar zijn ze nu (op de foto)?

a

Opdrachten

b

c

Opdracht 8

A
Werk in tweetallen. Maak vragen voor een interview. Gebruik de woordenlijst en gebruik de twee typen vragen: ja-neevraag en vraagwoordvraag.

B
Vorm andere tweetallen. Interview elkaar. Gebruik de vragen uit opdracht 8A.

hoofdstuk 2 In de kantine

Uitspraak

Luister goed naar deze woorden en herhaal ze.

blond – donderdag – donker – welkom – stoppen – jong – koffie – kopje – morgen – nog

hoor – voor – ook – woon – voorjaar – zomer – docent – komen – zo – wonen

blond – ook – donker – docent – koffie – kopje – zomer – woon – wonen – stoppen

Luister goed naar deze woorden en herhaal ze.

acht – wat – ander – was – straks – dag – half – kantine – land – lang

jaar – plaats – maand – naar – naam – dagen – jarig – ja – vader – maken

acht – jaar – was – dagen – dag – plaats – straks – land – maken – vader

3
In het café

 Dialoog

1-7
1-8

Tina viert haar verjaardag in het café samen met Christian en Silke.

Silke:	Hoi Tina. Gefeliciteerd met je verjaardag.
Tina:	Dank je wel. Dit is mijn broer Christian.
Silke:	Dag, ik ben Silke. Prettig met je kennis te maken.
Christian:	Hoi. Hoe kennen jullie elkaar eigenlijk?
Silke:	Van de cursus Nederlands.
Tina:	Wat willen jullie drinken? Ik trakteer.
Christian:	Ik wil graag cola.
Silke:	Doe mij maar een pilsje.
Tina:	Ik neem rode wijn. Ik roep de ober. Mag ik bestellen?
Ober:	Zegt u het maar.
Tina:	Een cola, een rode wijn en een pils alstublieft.
Ober:	Een Franse, Spaanse of Zuid-Afrikaanse wijn?

hoofdstuk 3 In het café

Tina: Hm, ik weet het niet. Doe de Spaanse maar.
Silke en Christian:
　　Nou Tina. Proost. Op je verjaardag.
Tina: Bedankt.

(een poosje later)
Tina: Zullen we nog een keer bestellen?
Christian: Dat is een goed idee.
Tina: Willen jullie hetzelfde?
Silke: Ja, graag.
Christian: Nu wil ik ook een pilsje. Dit rondje betaal ik. Wat wil jij Tina?
Tina: Geef mij nog maar een glas rode wijn.

(nog weer later)
Tina: Ober, mogen we afrekenen?
Ober: Alles samen?
Tina: Nee, ik ben jarig, daarom betaal ik het eerste rondje. Het tweede rondje betaalt hij.

Woordenlijst

viert (vieren)	feiert	het pilsje (de pils)	Bier
de verjaardag	Geburtstag	neem (nemen)	nehme
het café	Café / Kneipe	rode wijn	Rotwein
samen	zusammen	roep (roepen)	rufe
gefeliciteerd	herzlichen Glückwunsch	de ober	Kellner
		mag (mogen)	darf
dank je wel	vielen Dank	bestellen	bestellen
dit is	das ist	alstublieft	bitte
prettig met je kennis te maken	freut mich, dich kennenzulernen	Franse (Frans)	französischen
		Spaanse (Spaans)	spanischen
kennen (kennen)	kennt	Zuid-Afrikaanse (Zuid-Afrikaans)	südafrikanischen
elkaar	euch		
drinken	trinken	de wijn	Wein
trakteer (trakteren)	gebe einen aus	hm	hm
wil graag (graag willen)	möchte gern	nou	nun
		proost	Prost
de cola	Cola		

op je verjaardag	auf deinen Geburtstag	hetzelfde	das Gleiche
bedankt	danke	graag	gern
het poosje	kleine Weile / etwas	dit	diese
		het rondje	Runde
later (laat)	später	betaal (betalen)	zahle
zullen (zullen)	sollen	geef (geven)	gib / bringe
een keer	einmal / eine Runde	het glas	Glas
		afrekenen	zahlen
		alles	alles
dat is	das ist	daarom	darum
goed	gute	eerste	erste
het idee	Idee	tweede	zweite

Vocabulaire en grammatica

◆ **Bestellen**

Mag ik een pilsje?
Ik wil graag een pilsje.
Een pilsje, alstublieft.
Voor mij een pilsje.

◆ **Afrekenen**

Mag ik de rekening (alstublieft)?
Ik wil graag afrekenen / betalen.
Mogen we betalen / afrekenen?

◆ **Bedanken**

dank je (wel)
bedankt

◆ **Lidwoord**

Welkom in **de** cursus Nederlands.
Ik roep **de** ober.

hoofdstuk 3 In het café

Tina viert haar verjaardag in het café.
Nee, ik ben jarig, daarom betaal ik het eerste rondje.
Doe mij maar een pilsje.
Zullen we nog een keer bestellen?
Ik wil graag cola.
Ik neem rode wijn.

	definiet	indefiniet
de-woord	de cursus	een cursus
het-woord	het café	een café
diminutief	het rondje	een rondje
pluralis	de cursussen de cafés de rondjes	cursussen cafés rondjes

◆ Dimunitief

het rondje
het pilsje
het kopje

◆ Hoofdzin met inversie

| Nu | wil | ik ook een pilsje. |
| Dit rondje | betaal | ik. |

◆ Rangtelwoorden

1ᵉ	eerste	20ᵉ	twintigste
2ᵉ	tweede	29ᵉ	negenentwintigste
3ᵉ	derde	100ᵉ	honderdste
4ᵉ	vierde		
5ᵉ	vijfde		
6ᵉ	zesde		
7ᵉ	zevende		
8ᵉ	achtste		
9ᵉ	negende		
10ᵉ	tiende		

Opdrachten

Opdracht 9

Kies bij elk woord het juiste lidwoord: *de* of *het*.
Controleer dan je antwoorden met de woordenlijst. Noteer de woorden die je niet goed had. Noteer die woorden met het correcte lidwoord.

_____ adres	_____ gezin	_____ zus
_____ broer	_____ haar	_____ seizoen
_____ café	_____ zomer	_____ maand
_____ cursus	_____ kantine	_____ land
_____ rondje	_____ koffie	_____ pauze
_____ foto	_____ pilsje	_____ tekst

Opdracht 10

Lees de zin, maar begin met het gekleurde deel.

1 Joyce is donderdag jarig.
2 We drinken koffie in de kantine.
3 Ze zijn op het moment in Indonesië.
4 Ik weet dat niet.
5 Ze wonen in de winter in Barcelona.
6 We gaan na de pauze verder.
7 Ik heb Silkes adres niet.
8 We spreken later over de tekst.
9 Ik neem nu ook wijn.
10 Eddy geeft vandaag les.
11 We beginnen morgen met tekst 3.
12 De tekst begint op bladzijde 2.

Opdracht 11

Werk in een groepje van drie.
1 = Tina, 2 = Silke, 3 = Christian + ober
Lees de tekst voor.
Lees de eerste keer de tekst gewoon.
De tweede keer: lees de tekst, maar maak veranderingen.

Bijvoorbeeld:
Ik neem rode wijn. → Ik wil witte wijn.

Opdracht 12

Iemand bestelt iets. De volgende herhaalt dat en bestelt zelf nog iets anders.
De derde herhaalt de bestelling van de tweede en bestelt zelf ook iets.

4
Op straat

Dialoog

Bert, de ober, komt op straat zijn vriend Hans, een fotograaf, tegen.

Bert: Hé Hans, hallo!
Hans: Hé Bert, hoi. Dat is lang geleden, zeg. Wat leuk! Alles goed?
Bert: Ja, prima. En met jou, hoe is het met jou?
Hans: Het gaat wel. Ik heb problemen met de buren, maar dat is nu niet zo belangrijk. Ik heb vakantie en Wilma en ik gaan over twee dagen een weekje naar Venetië.
Bert: Wauw! Venetië is prachtig. Ga je veel foto's maken?
Hans: Nee, we hebben sinds gisteren een camcorder, dus we gaan een romantische film maken. Kom je na de vakantie naar de film kijken?
Bert: Ja, leuk. Zullen we direct iets afspreken?
Hans: Goed. We zijn op vrijdag 21 augustus weer thuis. Zullen we voor zaterdag de 29^e een afspraak maken?

hoofdstuk 4 Op straat

Bert: Nee, dat lukt niet. Die zaterdag heb ik al een afspraak. Zondag 30 augustus kan ik wel.
Hans: Dat kan ook. Zullen we om 16.00 uur bij ons thuis afspreken? Blijf je ook eten? Zal ik dan spaghetti carbonara maken?
Bert: Ja, lekker. Goed plan. Ik schrijf het straks direct in mijn agenda. Hartstikke leuk.
Hans: Ja, vind ik ook.
Bert: Ik moet ervandoor. Ik moet nog gauw even naar de winkel. Ik wens jullie een fijne vakantie. Doe de groeten aan Wilma en tot volgende week zondag.
Hans: Doe ik. Tot dan. Doeg.

Woordenlijst

de vriend	Freund	sinds	seit
de fotograaf	Fotograf	de camcorder	Camcorder
de straat	Straße	romantische (romantisch)	romantischen
komt tegen (tegenkomen)	trifft	de film	Film
hé	hey	na	nach
geleden	her	kijken naar	anschauen
zeg	sag mal	direct	sofort / gleich
prima	gut	iets	etwas
jou	dir	afspreken	verabreden
het gaat wel	geht so	thuis	zu Hause
problemen (het probleem)	Probleme	de afspraak maken	Verabredung treffen
buren	Nachbarn	lukt (lukken)	klappt
belangrijk	wichtig	kan (kunnen)	kann
gaan (gaan)	fahren	blijf (blijven)	bleibst
over	in	eten	essen
het weekje (de week)	Woche	dan	dann
		zal (zullen)	soll
Venetië	Venedig	spaghetti carbonara	Spaghetti Carbonara
wauw	wow / toll	het plan	Plan
prachtig	wunderschön	schrijf (schrijven)	schreibe
veel	viele	de agenda	Kalender
maken	machen		

Vocabulaire en grammatica

hartstikke leuk	super	fijne (fijn)	schönen
vind (vinden)	finde	doe de groeten aan (de groeten doen aan)	viele Grüße an
ervandoor	weg		
gauw	schnell		
de winkel	Laden / Geschäft	volgende (volgend)	nächste
wens (wensen)	wünsche	tot dan	bis dann
jullie	euch		

Vocabulaire en grammatica

♦ **Vragen hoe het gaat** **Fragen, wie es geht**

Alles goed? — Alles in Ordnung?
Hoe gaat het (met jou)? — Wie geht's? Wie geht es dir?
Hoe is het (met jou)? — Wie geht's? Wie geht es dir?
En met jou? — Und dir?

♦ **Vertellen hoe het gaat** **Erzählen, wie es geht**

++	fantastisch	fantastisch
++	uitstekend	ausgezeichnet
++	heel goed	sehr gut
++	hartstikke goed	klasse
++	prima	gut
+	goed	gut
+–	het gaat wel	geht so
+–	niet zo	nicht besonders
–	niet goed	nicht gut
–	slecht	schlecht

♦ **Een afspraak maken** **Sich verabreden**

Zullen we voor zaterdag de 29e een afspraak maken? — Sollen wir uns für Samstag, den 29., verabreden?
Zullen we iets afspreken? — Sollen wir uns verabreden?

hoofdstuk 4 Op straat

- **Positief / negatief reageren**   **Positiv / negativ reagieren**

  +   Ja, dat kan.   Ja, das geht.
  +   Ja, dat is goed.   Ja, das ist in Ordnung.
  −   Nee, dat lukt niet.   Nein, das geht nicht.
  −   Nee, ik heb al een afspraak.   Nein, ich habe bereits eine Verabredung.
  −   Nee, dan kan ik niet.   Nein, dann kann ich nicht.

- **Vragen iets samen te doen**   **Etwas zusammen unternehmen wollen**

  Ga je mee naar …   Kommst du mit nach / zu / in
  Heb je zin om …   Hast du Lust, …

- **Positief / negatief reageren**   **Positiv / negativ reagieren**

  +   Ja, leuk.   Ja, prima.
  +   Ja, goed idee.   Ja, gute Idee.
  −   Nee, ik kan niet.   Nein, ich kann nicht.
  −   Nee, dat vind ik niet leuk.   Nein, das finde ich nicht schön.

- **Zullen (1) – voorstel**

  Zullen we direct iets afspreken?
  Zullen we voor zaterdag de 29^e een afspraak maken?
  Zullen we om 16.00 uur bij ons thuis afspreken?
  Zal ik dan spaghetti carbonara maken?

Opdrachten

Opdracht 13

Reageer met *Zal ik …? / Zullen we …?*
Gebruik in je reactie de woorden van de tweede rij.

Voorbeeld: Ik wil iets drinken.   cola bestellen
Antwoord: Zullen we cola bestellen?

1 Ik wil op vakantie!	een weekje naar Parijs gaan
2 Dit is een leuk café!	hier iets drinken
3 Waar zijn Bart en Astrid?	in de kantine kijken
4 Ik wil afrekenen.	de ober roepen
5 Wat zeg je? Hoe is je naam?	mijn naam spellen
6 Ken jij Ineke goed?	haar adres geven
7 Wat eten we?	spaghetti maken
8 Tina is jarig.	een boek geven

Opdracht 14

Welke woorden passen in deze zinnen?

1 Kun je om 16.00 uur komen?   Ja, _____ kan.

2 Ik moet ervandoor.   _____ de groeten aan je ouders.

3 Kun je woensdag de 8ᵉ?   Nee, _____ kan ik niet.

4 Ik ga naar het café.   Gaat Silke ook _____ naar het café?

5 Houd je van witte wijn?   Nee, dat _____ ik niet lekker.

6 Alles goed?   Ja, prima. En _____ jou?

Opdracht 15

Je krijgt een agenda. Schrijf in die agenda vijf activiteiten. Schrijf ook de tijd op.

Bijvoorbeeld: donderdag 21.00 Silke, café De Lente.

Opdracht 16

Werk in tweetallen. Maak samen een dialoog. In de dialoog moeten jullie
- een voorstel doen (*Zullen we …?*)
- negatief reageren
- een ander voorstel doen

hoofdstuk 4 Op straat

Opdracht 17
Schrijf een antwoord op deze e-mail.

Hoi,

Volgende week woensdag ben ik jarig en word ik 20!!! Ik wil dit graag met jullie vieren.
Kom je ook naar café De Dromer vanaf 21.00 uur?
Reageer even en stuur een e-mail naar <u>Dorit@hotmail.com</u>.

Dorit

Uitspraak

Luister goed naar deze woorden en herhaal ze.

dus – cursus – lukken – zus – augustus – hun – jullie – kunnen – lukt – zullen

buurman – minuut – uur – nu – buren – u – alstublieft – uw

lukt – uur – zus – buren – buurman – dus – u – kunnen – zullen – minuut

Luister goed naar deze woorden en herhaal ze.

wel – verder – hebben – lekker – hetzelfde – moment – wensen – prettig – tekst – vertellen

week – heeft – idee – probleem – deze – geven – tegen – uitstekend – nemen

hetzelfde – nemen – probleem – deze – tegen – wel – verder – idee – prettig – hebben

5 Op de markt

Dialoog

1-13
1-14

Hans, de fotograaf, gaat boodschappen doen op de markt. Hij gaat naar Jasper, de groenteboer.

Jasper: Wie is er aan de beurt?
Hans: Ik.
Jasper: Zeg het maar.
Hans: Mag ik alsjeblieft een kleine courgette, twee gele paprika's en zes mooie tomaten?
Jasper: Hé! De tomaten zijn hier altijd mooi!
Hans: Sorry. Tuurlijk!
Jasper: Anders nog iets?
Hans: Ja, ik wil graag een typisch Nederlands gerecht maken. Onze buren komen morgen eten. Ze komen niet uit Nederland.
Jasper: Buitenlanders vinden stamppot andijvie met spekjes vaak heerlijk. En ik heb vandaag mooie, goedkope andijvie.

hoofdstuk 5 Op de markt

Hans: Dat is een goed idee. Hoeveel heb ik nodig voor vier personen?
Jasper: Ongeveer een halve kilo andijvie en een kilo aardappels. Voor de spekjes moet je naar de slager.
Hans: Prima, doe maar.
Jasper: Dat was het?
Hans: Nee. Doe ook maar een bloemkool. Een kleine bloemkool. En ook graag een klein bakje champignons. En peterselie. Dat kleine bosje graag.
Jasper: Verder nog? Ik heb mooie, fijne boontjes, verse knoflook, drie komkommers voor één euro …
Hans: Nee, zo is het wel genoeg. Ik ga volgende week op vakantie.
Jasper: O, lekker. Waarnaartoe?
Hans: Venetië.
Jasper: Prachtig. Dat is dan acht dertig. (…) Heb je er dertig cent bij?
Hans: Nee, sorry.
Jasper: Geeft niet. Acht vijftig, negen en dat is tien. Nou, prettige vakantie!
Hans: Dank je wel. Prettig weekend. Dag!

Woordenlijst

boodschappen doen	einkaufen	anders	sonst
de markt	Markt	typisch	typisch
de groenteboer	Gemüsehändler	het gerecht	Gericht
er	da / denn	buitenlanders	Ausländer
aan	an	(de buitenlander)	
de beurt	Reihe	de stamppot	Stampfkartoffeln
alsjeblieft	bitte		(mit)
kleine (klein)	klein	de andijvie	Endivie
de courgette	Zucchini	spekjes (het spekje)	Speckwürfel
gele (geel)	gelbe	vaak	oft
paprika's		heerlijk	lecker, köstlich
(de paprika)	Paprika	goedkope	preiswerte
mooie (mooi)	schöne	(goedkoop)	
tomaten	Tomaten	hoeveel	wie viel
(de tomaat)		heb nodig	brauche
altijd	immer	(nodig hebben)	
sorry	Entschuldigung	personen	Personen
(na)tuurlijk	natürlich	(de persoon)	

Vocabulaire en grammatica

ongeveer	ungefähr	boontjes (de boon)	Bohnen
halve (half)	halbes	verse (vers)	frischen
de kilo	Kilogramm	de knoflook	Knoblauch
aardappels	Kartoffeln	komkommers	Salatgurken
(de aardappel)		(de komkommer)	
de slager	Schlachter / Fleischer / Metzger	de euro	Euro
		genoeg	genug
was (zijn)	war	lekker	schön
de bloemkool	Blumenkohl	waarnaartoe	wohin
het bakje (de bak)	Schale, Packung	de cent	Cent
champignons	Champignons	erbij	dabei
(de champignon)		geeft niet	macht nichts
de peterselie	Petersilie	prettige (prettig)	schönes
het bosje (de bos)	Bund	het weekend	Wochenende
verder	weiter		

Vocabulaire en grammatica

◆ **Vragen / zeggen wat je wilt kopen**

Wie is er aan de beurt?	Ik.
Zeg het maar.	Twee komkommers graag.
Ik heb mooie tomaten.	Doe die maar.
Anders nog iets?	Ja. Een bloemkool, alstublieft. /
	Ja. Doe ook maar knoflook.
Dat was het?	Ja, dat was het. /
	Nee, ik wil ook nog aardappels.

◆ **De groente**   **Gemüse**

de courgette	Zucchini
de paprika	Paprika
de tomaat	Tomate
de andijvie	Endivie
de aardappel	Kartoffel
de bloemkool	Blumenkohl
de champignon	Champignon

drieënveertig ◆ **43**

hoofdstuk 5 Op de markt

het boontje	Bohne
de knoflook	Knoblauch
de komkommer	Salatgurke
de sla	Salat
de broccoli	Broccoli
de kool	Kohl
de witte kool	Weißkohl
de rode kool	Rotkohl
de boerenkool	Grünkohl
de zuurkool	Sauerkraut
de ui	Zwiebel
de wortel	Möhre

◆ **Het fruit**   Obst

de appel	Apfel
de peer	Birne
de sinaasappel	Apfelsine
de mandarijn	Mandarine
de kiwi	Kiwi
de banaan	Banane
de aardbei	Erdbeere
de druif	Traube
de perzik	Pfirsich

◆ **Betalen**

Drie komkommers voor één euro.
Hoe duur is de andijvie?
Hoeveel kost een klein bakje champignons?
Twee paprika's voor de prijs van één.
Dat is dan zes euro.
Heb je er vijftien cent bij?
Heb je het niet kleiner?

◆ **Adjectief**

Mag ik alsjeblieft een kleine courgette, twee gele paprika's en zes mooie tomaten?
Ik wil graag een typisch Nederlands gerecht maken.
Een kleine bloemkool. En ook graag een klein bakje champignons.

Dat kleine bosje graag.
Ongeveer een halve kilo andijvie en een kilo aardappels.
Ik heb mooie, fijne boontjes, verse knoflook, drie komkommers voor één euro…

De tomaten zijn hier altijd mooi.

	de-woord	het-woord
de of *het*	de kleine courgette de prettige vakantie	het kleine bosje het goede idee
een geen lidwoord	een kleine courgette (een) prettige vakantie	een klein bosje (een) goed idee
pluralis	de kleine courgettes kleine courgettes de prettige vakanties prettige vakanties	de kleine bosjes kleine bosjes de goede ideeën goede ideeën
	De courgette is klein. De andijvie is heerlijk.	Het bosje is klein. Het gerecht is heerlijk.

◆ **Pluralis**

Hans gaat boodschappen doen op de markt.
Mag ik alsjeblieft een kleine courgette, twee gele paprika's en zes mooie
    tomaten?
Onze buren komen morgen eten.
Buitenlanders vinden stamppot andijvie met spekjes vaak heerlijk.
Ik heb mooie, fijne boontjes, verse knoflook, drie komkommers voor één
    euro …

	Singularis	Pluralis
-en	de boodschap de tomaat de persoon	de boodschappen de tomaten de personen
-s	de buitenlander de komkommer de aardappel het spekje het boontje de champignon	de buitenlanders de komkommers de aardappels de spekjes de boontjes de champignons
-'s	de paprika	de paprika's

hoofdstuk 5 Op de markt

Cent, jaar, uur krijgen geen pluralis.

Heb je er dertig cent bij?
Ik woon hier al twintig jaar.
Het is 11.00 uur.
Ik heb twee uur les.

Opdrachten

Opdracht 18

Kies de goede vorm van het adjectief.

1 Dat is een goed / goede idee.
2 Dit is een fantastisch / fantastische film.
3 Je hebt een leuk / leuke bril!
4 Tot maandag! Prettig / prettige weekend.
5 Ha, een lekker / lekkere kopje koffie!
6 Vers / verse koffie, heerlijk!
7 Irene heeft een Duits / Duitse achternaam.
8 Hans komt uit een groot / grote gezin.
9 We hebben mooi / mooie tomaten.
10 Jorn heeft een Nederlands / Nederlandse moeder en een Duits / Duitse vader.
11 Hier hebben ze mooi / mooie, vers / verse fruit.
12 In deze straat zijn veel leuk / leuke cafés.

Opdracht 19 – Opschepper!

Werk in tweetallen. Persoon A leest de zin. Persoon B reageert met een pluralis.

Ik heb een cd.   Ik heb _____
Ik heb een bril.   Ik heb _____
Ik heb een paprika.   Ik heb _____
Wij hebben een kantine.   Wij hebben _____
Ik eet een tomaat.   Ik eet _____

Opdrachten

Ik eet een komkommer.   Ik eet _____
Ik heb een broer.   Ik heb _____
Ik woon hier een week.   Ik woon hier _____
Ik drink een pilsje.   Ik drink _____
Ik heb een voornaam.   Ik heb _____
Opschepper!

Ik heb een film.   Ik heb _____
Ik heb een docent.   Ik heb _____
Ik ga naar een café.   Ik ga naar _____
Wij hebben een pauze.   Wij hebben _____
Ik eet een aardappel.   Ik eet _____
Ik koop een boek.   Ik koop _____
Ik heb een zus.   Ik heb _____
Ik woon hier een maand.   Ik woon hier _____
Ik drink een kopje koffie.   Ik drink _____
Ik heb een leuke buurman.   Ik heb _____
Opschepper!

Opdracht 20

Gesprek bij de groenteboer. Maak het gesprek compleet.

- Wie is er aan _____
- *Ik.*
- _____
- *Ik wil graag* _____

  En _____
- Natuurlijk! Grote of kleine?
- _____

  En _____

hoofdstuk 5 Op de markt

- Drie voor twee euro.
- _____

- Dat was het?
- Nee. _____ een bakje champignons.
- Alsjeblieft. Verder nog?
- Nee, _____
- Dat is dan _____
- _____
- _____

Opdracht 21 – Op de markt
Wat wil je kopen? Wat wil je vragen?
Bedenk twee producten die je wilt kopen op de markt.
Bedenk bij één van die producten een vraag.

Je docent is de marktkoopman.

6

In een restaurant

 Dialoog

1-15
1-16

Jasper, de marktkoopman, gaat met zijn vriendin Christine in een restaurant eten.

Serveerster: Goedenavond, twee personen?
Jasper: Ja, hebt u een tafel voor ons? Mogen we bij het raam zitten?
Serveerster: Ja hoor, jullie kunnen daar gaan zitten. Hier is de menukaart. Willen jullie alvast iets te drinken bestellen?
Jasper: Mag ik een mineraalwater alstublieft? Ik heb dorst.
Christine: Voor mij ook graag.
Jasper: Nemen we alleen een hoofdgerecht?
Christine: Ik heb honger, ik wil ook graag een voorgerecht en misschien ook een nagerecht.
Jasper: Dan neem ik ook een voorgerecht. De mosterdsoep is hier altijd erg lekker. Als hoofdgerecht wil ik de biefstuk met frietjes. Weet jij het ook al?

hoofdstuk 6 In een restaurant

Christine: Eh, ik neem de Spaanse salade en kip met rijst. Oh nee, ik wil geen vlees, doe toch maar de vegetarische dagschotel. Moeten we het nagerecht nu al kiezen?
Jasper: Nee, zullen we dat later doen?

(…)
Serveerster: Alstublieft, een mosterdsoep en een Spaanse salade. Eet smakelijk. Oh, jullie hebben alleen een mes en vork. Momentje, ik moet even een lepel halen.
Jasper: Ja, graag. Soep eten met een vork is een beetje moeilijk.

(…)
Christine: Hoe vind je de soep?
Jasper: Heerlijk! En hoe is jouw salade?
Christine: Hm, het gaat wel. Het is een soort paella en ik houd niet zo van mosselen. Hier, proef maar wat.
Jasper: Mmm, ik vind het lekker, maar wel een beetje vet.

(…)
Christine: Kan ik een toetje bestellen? Ik wil graag ijs met vruchten en chocola.
Serveerster: Met slagroom?
Christine: Nee, zonder slagroom.
Jasper: Voor mij alleen een cappuccino.

(…)
Jasper: Mogen we de rekening?
Serveerster: Alstublieft, het is € 65,-.
Jasper: Alstublieft, zeventig euro. Laat de rest maar zitten.
Serveerster: Dank u wel en een fijne avond verder.
Jasper: Bedankt, u ook. Tot ziens!

Woordenlijst

de marktkoopman	Markthändler	toch	doch
de vriendin	Freundin	vegetarische	vegetarisches
het restaurant	Restaurant	(vegetarisch)	
de serveerster	Kellnerin	de dagschotel	Tagesgericht
de tafel	Tisch	kiezen	wählen /
ons	uns		aussuchen
bij	an	eet smakelijk	guten Appetit
het raam	Fenster	het mes	Messer
gaan zitten	sich (hin)setzen	de vork	Gabel
de menukaart	Speisekarte	momentje	Moment /
alvast	schon mal	(**het** moment)	Augenblick
te	zu	de lepel	Löffel
het mineraalwater	Mineralwasser	halen	holen
de dorst	Durst	beetje	bisschen
mij	mich	moeilijk	schwierig
alleen	nur	het gaat wel	es geht so
het hoofdgerecht	Hauptgericht	de soort	Art
de honger	Hunger	de paella	Paella
het voorgerecht	Vorspeise	houd (houden) van	mag (gern)
misschien	vielleicht	de mosselen	Muscheln
het nagerecht	Nachspeise /	proef (proeven)	probiere
	Nachtisch	wat	etwas
de mosterdsoep	Senfsuppe	vet	fett
de mosterd	Senf	het toetje	Nachtisch
de soep	Suppe	het ijs	Eis
erg	sehr	vruchten (de vrucht)	Früchten
als	als	de chocola	Schokolade
de biefstuk	Steak	de slagroom	Schlagsahne
frietjes	Pommes frites	zonder	ohne
eh	äh	de cappuccino	Cappuccino
de salade	Salat	de rekening	Rechnung
de kip	Huhn	Laat de rest maar	Der Rest ist für Sie.
de rijst	Reis	zitten.	
oh nee	ach nein	laten	lassen
geen	kein	dank u wel	vielen Dank
het vlees	Fleisch	de avond	Abend

hoofdstuk 6 In een restaurant

Vocabulaire en grammatica

- **Vragen hoe iemand iets vindt**   **Nachfragen, wie jemand etwas findet**

    Hoe vind je de soep?   Wie findest du die Suppe?
    En hoe is jouw salade?   Und wie ist dein Salat?
    Wat vind je van de soep?   Was hältst du von der Suppe?

- **Positief / negatief beoordelen**   **Positiv / negativ beurteilen**

    ++ heerlijk   köstlich
    +   (ik vind het) lekker   (ich finde es) lecker
    +– het gaat wel   es geht so
    +– ik hou niet zo van ...   ich mag nicht so gerne ...
    –   ik hou niet van ...   ich mag keine / keinen / kein ...
    –   niet lekker   nicht lecker
    –   vies   fies / ekelhaft

- **Gangen** (Gänge)

    het voorgerecht
    het hoofdgerecht
    het nagerecht = het toetje

- **Het bestek** (Besteck)

    de lepel
    het mes
    de vork

- **Een fooi geven**   **Trinkgeld geben**

    Laat de rest maar zitten.   Der Rest ist für Sie.
    Het is goed zo.   Stimmt so.
    Maak er maar € ... van.   Sagen wir ... €.

◆ **Modale werkwoorden**

Mogen we bij het raam zitten?
Mag ik een mineraalwater alstublieft? Ik heb dorst.

Willen jullie alvast iets te drinken bestellen?
Ik wil graag ijs met vruchten en chocola.

Moeten we het nagerecht nu al kiezen?
Ik moet even een lepel halen.

Jullie kunnen daar gaan zitten.
Kan ik een toetje bestellen?

Zullen we dat later doen?
Zal ik dan spaghetti carbonara maken?

	mogen	*willen*	*moeten*	*kunnen*	*zullen*
ik	mag	wil	moet	kan	zal
jij / je	mag	wil / wilt	moet	kan / kunt	zal / zult
u	mag	wil / wilt	moet	kan / kunt	zal / zult
hij zij / ze het	mag	wil	moet	kan	zal
wij / we	mogen	willen	moeten	kunnen	zullen
jullie	mogen	willen	moeten	kunnen	zullen
zij / ze	mogen	willen	moeten	kunnen	zullen

hoofdstuk 6 In een restaurant

Opdrachten

Opdracht 22
Welk werkwoord is logisch in de zin?

1 Wat zullen / willen we drinken? Wijn?
2 Mijn ouders kunnen / moeten niet op mijn verjaardag komen.
3 Hans zal / wil een jaar in Engeland wonen.
4 Aan mijn tafel kunnen / willen vier personen zitten.
5 Jullie zullen / moeten deze opdracht maken.
6 Jullie mogen / willen samenwerken.
7 Ik ben jarig. Ik mag / wil een rondje geven.
8 Mag / zal ik u iets vragen?
9 De les wil / zal morgen om halfnegen beginnen.
10 Kunnen / zullen veel Nederlanders Duits spreken?

Opdracht 23
Vul een vorm in van *mogen, willen, moeten, kunnen, zullen*. Wat is logisch?

1 _____ je in dit café ook iets eten?
2 Je _____ deze soep eens proeven. Heerlijk!
3 Je _____ ook alleen een voorgerecht nemen. Dat is goed.
4 Ik houd van vis. Ik _____ de paella.
5 _____ je nu al Nederlands spreken? Wat goed!
6 Mijn achternaam is Möller. _____ ik het even spellen?
7 _____ ik twee koffie en een glas water alstublieft?
8 Jonas is zestien jaar. _____ hij bier bestellen in een café?
9 Ik heb dorst. Ik _____ iets drinken.
10 Bert komt vandaag niet. Hij _____ werken.
11 Zijn de tomaten lekker? _____ ik een tomaat proeven?
12 _____ ik ijs met chocola krijgen, zonder vruchten?
13 We weten het nog niet. We _____ even kijken.
14 Ik heb een idee. _____ we in het weekend samen eten?

Opdracht 24

Je gaat samen naar een restaurant. Je kiest een voorgerecht, een hoofdgerecht en een nagerecht. Wat kiezen jullie?

Opdracht 25

Interview over eten en drinken.

1 Maak drie vragen over eten en drinken. Gebruik deze structuren:

Houd je van … ?
Vind je … lekker?
Wat vind je van … ?

2 Stel je vragen aan een andere cursist. Hij / zij antwoordt. Luister naar de vragen van de andere cursist en geef antwoord. Reageer positief of negatief. Geef antwoord en zeg verder nog iets.

Bijvoorbeeld:
Vraag: Houd je van kip?
Antwoord: Ik vind kip lekker, maar niet in een salade.
Vraag: Vind je koffie lekker?
Antwoord: Nee, ik vind koffie vies. Thee vind ik wel lekker.
Vraag: Wat vind je van vlees?
Antwoord: Niet zo lekker. Ik eet niet zo veel vlees.

Uitspraak

Luister goed naar deze woorden en herhaal ze.

dit – winter – drinken – ik – vinden – film – gisteren – gezin – pilsje – middag

drie – kiezen – misschien – iets – hier – direct – idee – kantine – prima – type

gezin – idee – vinden – prima – type – winter – kiezen – ik – drie – gisteren

7 In een kledingzaak

Dialoog

Sandra, de serveerster, is in een kledingzaak om een broek te kopen.

Verkoopster:	Kan ik jullie helpen?
Meisje en jongen:	Nee, we kijken alleen even.
Sandra:	Kunt u mij helpen? Ik zoek een spijkerbroek.
Verkoopster:	Welke maat hebt u?
Sandra:	Ik heb normaal maat 40, soms groter.
Verkoopster:	Welke kleur en wat voor model wilt u?
Sandra:	Ik wil graag een lichte spijkerbroek, een laag model.
Verkoopster:	Ik geef u twee spijkerbroeken van twee verschillende merken. Probeert u ze allebei maar even.
Sandra:	Waar kan ik ze ergens passen?
Verkoopster:	Daar zijn de paskamers.
Verkoopster:	En hoe zitten ze?

Sandra:	Deze broek zit beter dan die andere broek. Ik vind hem wel een beetje wijd. Hebt u hem in een kleinere maat?		
Verkoopster:	Het spijt me. Ik heb hem niet in een kleinere maat. Dit is de kleinste maat van dit model.		
Sandra:	Ik neem hem toch. Kan ik hem eventueel nog ruilen?		
Verkoopster:	Ja hoor. Binnen veertien dagen, met de bon.		
Sandra:	Ik wil ook nog graag een paar T-shirts.		
Verkoopster:	Hier liggen de T-shirts. Ik heb ze in allerlei kleuren: wit, zwart, rood, roze, groen en blauw.		
Sandra:	Ik neem een wit en een rood T-shirt. Of toch een roze? Ik kan altijd zo moeilijk beslissen. Dit roze shirt staat me het best. Ik neem dus deze spijkerbroek en deze twee T-shirts. Kan ik pinnen?		

Woordenlijst

de kledingzaak	Bekleidungsgeschäft	wat voor	welches
de kleding	Kleidung	het model	Modell
de zaak	Geschäft	lichte (licht)	helle
om	um	laag model	Hüftjeans
de broek	Hose	laag	tief
kopen	kaufen	verschillende	verschiedene
de verkoopster	Verkäuferin	merken (**het** merk)	Marken
je (object)	dir	probeert (proberen)	probieren Sie an
helpen	helfen	ze	sie
het meisje	Mädchen / junge Frau	allebei	beide
		maar even	ruhig
		waar ergens	irgendwo
de jongen	Jungen / junge Mann	passen	anprobieren
		paskamers (de paskamer)	Ankleidekabine
mij	mir		
zoek (zoeken)	suche	zit (zitten)	sitzt
de spijkerbroek	Jeans	beter (goed)	besser
de maat	Größe	dan	als
normaal	normalerweise	die	die / jene
soms	manchmal	hem	sie
groter (groot)	größer	wijd	weit
de kleur	Farbe	kleinere (klein)	kleinere

hoofdstuk 7 In een kledingzaak

het spijt me	es tut mir leid	wit	weiß
kleinste (klein)	kleinste	zwart	schwarz
dit	dies	roze	rosa
eventueel	eventuell	groen	grün
ruilen	umtauschen	blauw	blau
binnen	innerhalb	beslissen	entscheiden
bon	Quittung	staat (staan)	steht
paar	paar	het best (goed)	am besten
T-shirts (het T-shirt)	T-Shirts	pinnen	mit der Karte
liggen	liegen		zahlen
allerlei	vielen		

Vocabulaire en grammatica

◆ De maat / het model

Welke maat hebt u?
Ik heb normaal maat 40, soms groter.
Hebt u hem in een kleinere maat?
Dit is de kleinste maat van dit model.
Welk merk zoekt u?
Hebt u deze broek ook in het zwart?
een laag model
een beetje wijd
een strak model

◆ Passen

Probeert u ze allebei maar even.
Waar kan ik ze passen?
En hoe zitten ze?
Dit roze shirt staat me het best.

◆ Kleding = kleren   Kleidung

de broek   Hose
de spijkerbroek   Jeans

Vocabulaire en grammatica

het T-shirt	T-Shirt
de trui	Pullover
de bloes	Bluse
het overhemd	Oberhemd
de rok	Rock
de jurk	Kleid
de jas	Mantel / Jacke
de schoenen	Schuhe

◆ **Kleuren** **Farben**

Ik heb ze in allerlei kleuren: wit, zwart, rood, roze, groen, blauw.
Ich habe sie in verschiedenen Farben: weiß, schwarz, rot, rosa, grün, blau.

wit	weiß
zwart	schwarz
grijs	grau
rood	rot
blauw	blau
geel	gelb
groen	grün
bruin	braun
paars	violett
roze	rosa
oranje	orange

donker – licht	donkerblauw	dunkel – hell	dunkelblau
	donkerbruin		dunkelbraun
	lichtgeel		hellgelb
	lichtgroen		hellgrün

◆ **Comparatief en superlatief**

Ik heb normaal maat 40, soms groter.
Deze broek zit beter dan die andere broek.

Dit is de kleinste maat van dit model.
Dit roze shirt staat me het best.

hoofdstuk 7 In een kledingzaak

Regelmatige vormen

basisvorm	comparatief	superlatief	
klein	kleiner (dan)	(het) kleinst	even klein als
groot	groter (dan)	(het) grootst	even groot als
duur	duurder (dan)	(het) duurst	even duur als

Onregelmatige vormen

basisvorm	comparatief	superlatief	
goed	beter (dan)	(het) best	even goed als
veel	meer (dan)	(het) meest	even veel als
weinig	minder (dan)	(het) minst	even weinig als
graag	liever (dan)	(het) liefst	even graag als

◆ **Objectvorm van het personaal pronomen**

Kan ik jullie helpen?
Kunt u mij helpen?
Waar kan ik ze passen?
Hebt u hem in een kleinere maat?

subjectvorm	objectvorm
ik	mij / me
jij / je	jou / je
u	u
hij de-woord (singularis)	hem hem
zij / ze	haar
het het-woord (singularis)	het het
wij / we	ons
jullie	jullie
zij / ze de- / het-woord (pluralis)	hen, hun, ze ze

Opdrachten

◆ **Demonstratief pronomen**

Deze broek zit beter dan die andere broek.
Dit roze shirt staat me het best.
Ik neem dus deze spijkerbroek en deze twee T-shirts.

		hier	daar
singularis	de broek	deze broek	die broek
	het shirt	dit shirt	dat shirt

pluralis	de broeken	deze broeken	die broeken
	de shirts	deze shirts	die shirts

Opdrachten

Opdracht 26
Vul in: *deze, die, dit, dat*.

1 Neem je _____ rode paprika, of _____ groene?

2 Ik neem _____ bril. _____ andere bril staat me niet.

3 Ober, _____ biefstuk is niet vers!

4 Wie is _____ docent, daar in de kantine?

5 Ik houd van ijs, maar _____ ijs vind ik niet lekker.

6 Wat eet je daar? Hoe heten _____ vruchten?

7 Kijk, _____ boek gebruiken we in de cursus.

8 Ik stop! _____ tekst is te moeilijk!

9 Ik betaal _____ rondje. Wat wil je drinken?

10 We zijn in mijn straat. In _____ huis woon ik.

hoofdstuk 7 In een kledingzaak

Opdracht 27

Vul een personaal pronomen in.

1 Wat een leuke broek! Kan ik _____ even passen?
2 Mevrouw, ik heb een vraag. Kunt u _____ helpen?
3 Patricia woont hier ook. Ik kom _____ vaak tegen.
4 Ik heb dit shirt nog in een kleinere maat. Ik zal _____ halen.
5 Waar zijn Jenny en Johan? Ik haal _____ uit de kantine.
6 Ik houd van tomaten. Ik koop _____ op de markt.
7 Ik vind _____ leuk. Zullen we samen iets drinken?
8 Wij spreken geen Nederlands! Wie kan _____ helpen?
9 Ja, Simon is thuis. Ik zal _____ even roepen.
10 Wat een leuk boek! Ik ga _____ ook kopen.

Opdracht 28

Werk in een groep van drie. Beantwoord de vragen.

1 Wat eet je liever, rijst, spaghetti of pizza?
2 Wat kost minder, een kilo tomaten of een kilo kip?
3 Wie is kleiner, jij of je docent?
4 Wat vind je lekkerder, koffie of thee?
5 Wanneer ga je liever op vakantie, in de zomer of in de winter?
6 Waar zijn boodschappen duurder, in je eigen land of in Nederland?
7 Waar eet je liever, in een restaurant of in een café?
8 Welke film vind je het best / slechtst?
9 Wie van jullie heeft de meeste broers / zussen?
10 Welke Nederlandse stad is het mooist?
11 Welk land is het grootst?
12 Welk land is het kleinst?
13 Wat eet je 's morgens het liefst?
14 Welke kleur vind jij het mooist?

Opdracht 29

Je gaat met een vriend(in) winkelen. Jullie moeten allebei nieuwe kleren hebben.
Maak een lijstje met 4 kledingstukken die je wilt kopen. Bepaal van tevoren:

- de kleur
- de maat
- het model
- de prijs

Ga nu naar de verschillende winkels. Hebben ze de kledingstukken die je wilt hebben?

8 Bij een makelaar

 Dialoog

Patricia, de verkoopster, is bij een makelaar.

Makelaar:	Dus u zoekt woonruimte in de stad. Voor hoeveel personen?
Patricia:	Twee. Voor mezelf en mijn vriend. Wij gaan samenwonen.
Makelaar:	Zoekt u een bepaald type woning? Met een tuin? Of een bovenwoning? Of een appartement?
Patricia:	Ik heb geen idee. Wat zijn de mogelijkheden?
Makelaar:	Ik zie op uw formulier de maximale huurprijs. Ik zal u een paar woningen laten zien op de computer. Dit is een leuke bovenwoning op de derde verdieping, in een oude buurt, niet ver van het centrum. Het is dicht bij het park. De woning heeft een woonkamer van 35 vierkante meter, een open keuken, twee ruime slaapkamers en een balkon op het westen. In de gang is de wc en een eenvoudige badkamer, met alleen een douche.

Patricia: O, wij hoeven geen bad. Dat gebruiken we toch niet.
Hebt u nog meer geschikte huizen te huur?
Makelaar: Ja, dit huisje is erg leuk voor twee personen. Het is wat duurder, want we verhuren dit gemeubileerd, dus met kasten, bedden, een tafel en stoelen, een bureau en een bank.
Patricia: Dat is wel een voordeel want we hebben nog niets. En het heeft een mooie, zonnige kamer! Is het een benedenwoning? Met een tuin? Dat lijkt me fantastisch! Ja, het is duurder, dat is waar. Ik wil dit even met mijn vriend overleggen. Ik bel u zo snel mogelijk voor een nieuwe afspraak.

Woordenlijst

de makelaar	Makler	ver	weit
de woonruimte	Wohnraum	het centrum	Stadtmitte / Zentrum
de stad	Stadt		
mezelf	mich (selbst)	dicht bij	nahe / in der Nähe
samenwonen	zusammenziehen	**het** park	Park
bepaald type	bestimmten Wohnungstyp	**de** woonkamer	Wohnzimmer
		vierkante meter	Quadratmeter
de woning	Wohnung	vierkant	Quadrat
de tuin	Garten	**de** meter	Meter
de bovenwoning	Wohnung im Obergeschoss	open	offene
		de keuken	Küche
het appartement	Appartement	ruime (ruim)	geräumige
mogelijkheden (de mogelijkheid)	Möglichkeiten	slaapkamers (**de** slaapkamer)	Schlafzimmer
zie (zien)	sehe	**het** balkon	Balkon
het formulier	Formular	**het** westen	Westen
maximale (maximaal)	Höchst-	de gang	Flur / Korridor
		de wc	WC
de huurprijs	Mietpreis / Miete	eenvoudige (eenvoudig)	einfaches
huren	mieten		
laten zien	zeigen	**de** badkamer	Badezimmer
de computer	Computer	de douche	Dusche
de verdieping	Geschoss	hoeven (niet / geen)	brauchen (nicht / kein)
oude (oud)	alten		
de buurt	Viertel / Stadtteil	het bad	Badewanne

hoofdstuk 8 Bij een makelaar

gebruiken	benutzen	**het** voordeel	Vorteil
geschikte (geschikt)	geeignete	niets	nichts
huizen (het huis)	Häuser / Wohnungen	zonnige (zonnig)	sonniges
		de kamer	Zimmer
te huur	zu vermieten	de benedenwoning	Parterrewohnung
het huisje (het huis)	Haus	dat lijkt me fantastisch	das klingt wunderbar
want	denn		
verhuren	vermieten	waar	wahr
gemeubileerd	möbliert	overleggen	besprechen / beratschlagen
kasten (de kast)	Schränken		
bedden (het bed)	Betten	bel (bellen)	rufe an
stoelen (de stoel)	Stühlen	zo snel mogelijk	so bald wie möglich
het bureau	Schreibtisch		
de bank	Sofa / Couch	nieuwe (nieuw)	neue
wel	schon / allerdings		

Vocabulaire en grammatica

♦ **Soorten woonruimte**   **Wohnungstypen**

een bepaald type woning — ein bestimmter Wohnungstyp
de woning — Wohnung / Haus
het huis — Haus / Wohnung
de flat — Appartement / Etagenwohnung
het appartement — Appartement
de bovenwoning — Wohnung im Obergeschoss
de benedenwoning — Parterrewohnung
de verdieping — Geschoss / Stockwerk
de begane grond — Erdgeschoss / Parterre

♦ **In en bij het huis**   **Im und am Haus**

de woonkamer — Wohnzimmer
de slaapkamer — Schlafzimmer
de keuken — Küche
de gang — Flur / Korridor
de wc — WC / Toilette

de badkamer	Badezimmer
het raam	Fenster
de deur	Tür
het balkon	Balkon
de tuin	Garten
het schuurtje	Schuppen
de garage	Garage

◆ **Meubels**   Möbel

de tafel	Tisch
de stoel	Stuhl / Sessel
de bank	Couch / Sofa
het bed	Bett
het bureau	Schreibtisch

◆ **Negatie**

Ik heb geen idee.
Dit is een leuke bovenwoning, niet ver van het centrum.
Wij hoeven geen bad.
Dat gebruiken we toch niet.

Moeten jullie een bad (hebben)? Nee, wij *hoeven* geen bad (te hebben).
Moet je pinnen? Nee, ik *hoef* niet te pinnen.

hoofdstuk 8 Bij een makelaar

♦ **Preposities**

Hier sta je.

De fiets staat tegen de muur.
De boom staat achter het huis.
De auto staat naast het huis.
De stoel staat voor de lamp.
De boompjes staan op het balkon.
De foto hangt aan de muur.
De stoelen staan om de tafel.
De slaapkamer is boven de keuken.

De woonkamer is onder het balkon.
De televisie staat bij de tafel.
Het bed staat in de slaapkamer.
De slaapkamer is tussen de keuken en de zolder.
De wasmachine staat tegenover de deur.

Opdrachten

Opdracht 30

Werk in tweetallen. Persoon A leest de zin. Persoon B leest de (ontkennende) zin rechts.

Persoon B: probeer het ook zonder in het boek te kijken. Wissel halverwege van rol.

A	B
Ik bestel een toetje.	Ik bestel geen toetje.
Hij krijgt een lepel.	Hij krijgt geen lepel.
Ik help hem.	Ik help hem niet.
Ik vind kip lekker.	Ik vind kip niet lekker.
Katja drinkt koffie.	Katja drinkt geen koffie.
John houdt van koffie.	John houdt niet van koffie.
Jullie mogen het boek gebruiken.	Jullie mogen het boek niet gebruiken.
We gebruiken een boek.	We gebruiken geen boek.
Die computer is van mij.	Die computer is niet van mij.
Ze komen op bezoek.	Ze komen niet op bezoek.
In mijn straat is een café.	In mijn straat is geen café.
Anita spreekt Italiaans.	Anita spreekt geen Italiaans.

B	A
Deze broek past.	Deze broek past niet.
Ik wil wijn.	Ik wil geen wijn.
We nemen een voorgerecht.	We nemen geen voorgerecht.
Ik betaal het eten.	Ik betaal het eten niet.
Sylvia huurt deze kamer.	Sylvia huurt deze kamer niet.
Anton wil de mosterdsoep proeven.	Anton wil de mosterdsoep niet proeven.
Op de eerste verdieping is een balkon.	Op de eerste verdieping is geen balkon.
Jonna zoekt een kamer.	Jonna zoekt geen kamer.
Ik heb een nieuwe broek nodig.	Ik heb geen nieuwe broek nodig.
Ik heb dit boek nodig.	Ik heb dit boek niet nodig.
Jolanda's trui is grijs.	Jolanda's trui is niet grijs.
Mijn ouders hebben vakantie.	Mijn ouders hebben geen vakantie.

hoofdstuk 8 **Bij een makelaar**

Opdracht 31

Werk in tweetallen. Beantwoord deze vragen.

1 Heb je op zaterdag les?
2 Kun je pinnen op de markt?
3 Heb je een balkon?
4 Kom jij uit Engeland?
5 Heb je een bril?
6 Heb je een broer / zus?
7 Woon je bij het park?
8 Heb je een tuin?
9 Vind je oranje mooi?
10 Heb je een roze shirt?
11 Is de pizzeria duur?
12 Is de Margarita een dure pizza?
13 Woon je bij het station?
14 Heb je blond haar?

Opdracht 32

Praat met elkaar over je kamer / huis. Je kunt vragen stellen als:

- Hoe groot is je kamer?
- Woon je alleen? Nee, met hoeveel anderen?
- Heb je een keuken / wc / badkamer voor jou alleen?
- Heb je een balkon / tuin?
- Op welke verdieping woon je?
- Is je kamer duur? Betaal je veel huur?
- Is je kamer gemeubileerd?
- Heb je veel meubels? Welke?

Opdracht 33 – Zoek je een kamer? Hier zijn kamers te huur!!!!

Welke kamer wil je? Ga praten met de contactpersoon.

a

Te huur: ruime, zonnige kamer (20 m²)
in een rustige straat. € 250,- per maand
Bel Dorien: …

b

Zoek je een kamer?
In het centrum?
Niet te duur?
Bel Paul! …

c

Kom jij bij ons wonen????
Te huur: leuke kamer
in het leukste studentenhuis van de stad!!!
€ 270,- per maand
Bel Yvonne: …

Opdracht 34

A Je woont in een studentenhuis. Er komt een kamer vrij. Jullie zoeken een nieuwe student(e). Je schrijft een briefje met informatie over de kamer. Geef informatie:

- Hoe groot is de kamer?
- In welke buurt ligt de kamer?
- Wat is de huurprijs?
- Hoeveel mensen wonen in het huis?
- Andere informatie?
- Hoe kan men reageren?

Schrijf het briefje.

of

B Je zoekt woonruimte in de stad. Je zet een advertentie op
www.marktplaats.nl

- Wat zoek je?
- Hoe groot moet het zijn?
- Welke prijs mag het maximaal zijn?
- Wil je een tuin?

hoofdstuk 8 Bij een makelaar

- Wanneer moet de woonruimte vrij zijn?
- Andere informatie?
- Hoe kan men reageren?

Schrijf de advertentie.

Uitspraak

Luister goed naar deze woorden en herhaal ze.

altijd – vrijdag – blijven – grijs – kijken – allerlei – klein – seizoen – weinig – allebei

leuk – keuken – beurt – deur – euro – kleur

altijd – keuken – kijken – deur – leuk – vrijdag – klein – weinig – euro – beurt

9
Bij de huisarts

Dialoog

1-23
1-24

De heer Smit, de makelaar, heeft een afspraak bij de huisarts.

Smit: Goedemorgen dokter.
Huisarts: Goedemorgen meneer Smit, wat is er aan de hand?
Smit: Zoals u ziet, zit ik onder de rode bultjes, ze zitten op mijn armen, benen, buik en rug, alleen niet op mijn gezicht. Ze jeuken verschrikkelijk. Ik heb van alles geprobeerd maar niets heeft geholpen.
Huisarts: Wanneer is dat begonnen? Sinds wanneer hebt u ze?
Smit: Sinds gisteravond.
Huisarts: Kunt u vertellen wat u gisteren hebt gedaan?
Smit: Overdag heb ik gewerkt, ik heb met klanten een huis bekeken en gisteravond ben ik naar de voetbalvereniging geweest, ik heb een wedstrijdje gespeeld en daarna hebben we nog een biertje gedronken.
Huisarts: Hebt u iets bijzonders gegeten?
Smit: Nee, eigenlijk niet.
Huisarts: En de afgelopen dagen?

hoofdstuk 9 Bij de huisarts

Smit: Oh, dat ben ik vergeten, even denken. O ja, in het weekend hebben we heel veel aardbeien gegeten. De aardbeien in de tuin zijn rijp en we hebben emmers vol met aardbeien. Veel meer dan vorig jaar.
Huisarts: Hebt u nog andere klachten?
Smit: Nee, verder niet.
Huisarts: Het lijkt op een allergische reactie. Ik geef u een zalf mee tegen de jeuk, anders krabt u uw huid kapot. Ik wil graag voor volgende week een nieuwe afspraak maken. Sterkte.
Smit: Bedankt, tot volgende week.

Woordenlijst

de heer	Herr	gisteravond	gestern Abend
de huisarts	Hausarzt / Allgemeinmediziner	gedaan (doen)	getan
		overdag	tagsüber
de dokter	Doktor / Arzt	gewerkt (werken)	gearbeitet
meneer	Herr	klanten (de klant)	Kunden
Wat is er aan de hand?	Was fehlt Ihnen?	bekeken (bekijken)	angeschaut
		de voetbalvereniging	Fußballverein
zoals	wie		
zit ik onder de bultjes	habe ich überall Ausschlag	geweest (zijn)	gewesen
		het wedstrijdje (de wedstrijd)	Wettkampf / Fußballspiel
onder	unter		
bultjes (de bult)	Pickel / Quaddeln	gespeeld (spelen)	gespielt
armen (de arm)	Armen	daarna	danach
benen (het been)	Beinen	het biertje (het bier)	Bier
de buik	Bauch	gedronken (drinken)	getrunken
de rug	Rücken	bijzonders (bijzonder)	Besonderes
het gezicht	Gesicht		
jeuken	jucken	gegeten (eten)	gegessen
verschrikkelijk	schrecklich / furchtbar	afgelopen	vergangenen / letzten
van alles	alles Mögliche	vergeten (vergeten)	vergessen
geprobeerd (proberen)	versucht	denken	nachdenken
		o ja	ach ja
geholpen (helpen)	geholfen	rijp	reif
begonnen (beginnen)	angefangen	emmers (de emmer)	Eimer
		vol	voll

vorig	letztes	de zalf	Salbe
klachten (de klacht)	Beschwerden	tegen	gegen
lijkt op (lijken op)	sieht aus wie	de jeuk	Juckreiz
allergische (allergisch)	allergische	krabt (krabben)	kratzen
		de huid	Haut
de reactie	Reaktion	kapot	kaputt
geef mee (meegeven)	gebe mit	sterkte	gute Besserung, alles Gute

Vocabulaire en grammatica

◆ **Bij de huisarts**

De dokter: Wat is er aan de hand?
Hebt u nog andere klachten?
Hebt u koorts?

De patiënt: Ik heb last van mijn keel.
Mijn keel doet pijn / zeer.
De bultjes jeuken verschrikkelijk.
Ik voel me niet goed.
Ik ben ziek.
Ik slaap slecht.
Ik heb hoofdpijn.

De dokter: Het lijkt op een allergische reactie.
Ik geef u een zalf mee tegen de jeuk.
Ik geef u een recept voor de apotheek.

◆ **Lichaamsdelen**   **Körperteile**

het hoofd   Kopf
de nek   Nacken
de buik   Bauch
de rug   Rücken

hoofdstuk 9 Bij de huisarts

de arm:	de schouder, de pols, de hand, de vinger
der Arm:	die Schulter, das Handgelenk, die Hand, der Finger

het been:	de knie, de enkel, de voet
das Bein:	das Knie, das Fußgelenk, der Fuß

het gezicht:	de mond, het oog, de neus, het oor
das Gesicht:	der Mund, das Auge, die Nase, das Ohr

◆ Reacties

Beterschap
Sterkte
Ik wens u het (aller)beste.

◆ Dagdelen

	gisteren	de dag	vandaag	morgen	elke dag
6-12 uur	gisterochtend gistermorgen	de ochtend de morgen	vanochtend vanmorgen	morgenochtend -	's ochtends 's morgens
12-18 uur	gistermiddag	de middag	vanmiddag	morgenmiddag	's middags
18-24 uur	gisteravond	de avond	vanavond	morgenavond	's avonds
0-6 uur	vannacht	de nacht	vannacht	morgennacht	's nachts

◆ Perfectum

Kunt u vertellen wat u gisteren hebt gedaan?
Overdag heb ik gewerkt, ik heb met klanten een huis bekeken en gisteravond ben ik naar de voetbalvereniging geweest, ik heb een wedstrijdje gespeeld en daarna hebben we nog een biertje gedronken.
Hebt u iets bijzonders gegeten?
Oh, dat ben ik vergeten, even denken.

Perfectum: *hebben / zijn* + participium van een werkwoord

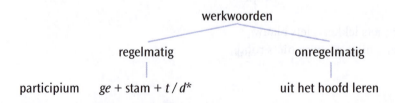

* Wanneer -t, wanneer -d?
Als de stam eindigt op *s, f, t, k, ch* of *p*, dan een -t. Een trucje om te onthouden is: *soft ketchup*. Als de stam eindigt op een andere klank dan de medeklinkers van *soft ketchup*, dan een -d.

Ik heb gewer**k**t.
Ik heb een wedstrijdje gespee**l**d.

Let op:

Ik heb het bad niet **ge**bruikt.
Ik heb de broek **be**taald.
Hij heeft de vraag **her**haald.
De makelaar heeft dit huis aan mij **ver**huurd.
Ik heb dat woord niet **ont**houden.

Ik heb van alles **ge**probeerd maar niets heeft geholpen.
Ik heb alles **ge**controleerd.

zijn
Richting Ik ben naar huis gefietst.
     Ik ben naar de makelaar gegaan.

Andere werkwoorden met zijn:
gebeuren Wat is er gebeurd?
zijn   Ik ben naar de voetbalvereniging geweest.
worden   Ben je gisteren 21 geworden?
blijven   Hij is tot 22.00 uur gebleven.
stoppen   Ze is met de cursus gestopt.
beginnen We zijn om 9.00 uur met de cursus begonnen.

hebben
     We hebben gefietst.
     Hij heeft zijn moeder gebeld.

◆ **Iets / niets**

iets bijzonder**s**, iets lekker**s**, iets blauw**s**
niets bijzonder**s**, niets nieuw**s**, niets rood**s**

hoofdstuk 9 Bij de huisarts

Opdrachten

Opdracht 35

Werk in tweetallen. Je docent geeft je een kaartje. Op dat kaartje staan jouw activiteiten van gisteren.
Vraag elkaar: *Wat heb je gisteren gedaan?* Of precies: *Wat heb je gistermorgen gedaan? En gistermiddag?*

Opdracht 36

Werk met de hele groep. Loop rond en stel elkaar deze vragen (en geef antwoord). Je hoeft niet te beginnen bij de eerste vraag! Stel elkaar twee vragen en ga dan naar een andere student.

1 Waar ben je dit jaar op vakantie geweest?
2 Wie heb je gisteren gebeld?
3 Heb je vandaag thee gedronken?
4 Heb je in Berlijn gewoond?
5 Hoe laat zijn we met de les begonnen?
6 Heb je een kamer gehuurd?
7 Heb je deze week of vorige week iets geruild?
8 Tot hoe laat heb je in bed gelegen?
9 Heb je deze week aardbeien gegeten?
10 Heb je goed geslapen?
11 Heb je deze week iemand gefeliciteerd?
12 Heb je iets gezocht?
13 Heb je iets vergeten?
14 Met wie heb je gisteren Nederlands gesproken?
15 Heb je vorig jaar gewerkt?
16 Hoe laat ben je gisteren naar huis gegaan?
17 Wat heb je gisteren gegeten?
18 Heb je deze winter last gehad van je keel?
19 Wanneer ben je naar Nederland gekomen?
20 Heb je iets op de markt gekocht?

Opdracht 37

Werk in tweetallen. Je docent geeft elk tweetal drie werkwoorden. Jullie maken met deze werkwoorden een vraag in het perfectum.

Daarna werken jullie met een ander tweetal. Stel elkaar de vragen en beantwoord de vragen van de andere studenten.

Opdracht 38 – Ziek!!!!

Jullie zijn ziek – allemaal! Jullie zitten bij de dokter. Jullie docent is de dokter. Hij vraagt wat er aan de hand is.

Bedenk wat er aan de hand is met jou, en vertel dat aan de dokter.

10 Bij de fietsenmaker

Dialoog

2-1
2-2

Mehmet Kirbas, de huisarts, komt met zijn fiets bij de fietsenmaker.

Fietsenmaker: Nou, ik hoef u niet te vragen wat u hier komt doen!
Mehmet: Nee, dat is inderdaad wel duidelijk, mijn fiets lijkt wel total loss.
Fietsenmaker: Wat is er gebeurd?
Mehmet: Ik ben gevallen. Het regende gisteren en het was een beetje glad. Ik fietste weg van onze praktijk, wilde rechts afslaan en gleed weg. Ik mankeerde zelf niets, maar mijn fiets wel. Ik heb een slag in het wiel, de bagagedrager is afgebroken, het stuur en het zadel staan scheef en de tringel, hoe zeg je dat in het Nederlands, is kapot.
Fietsenmaker: U bedoelt de bel. De trapper is ook kapot en de banden zijn erg glad.
Mehmet: Sorry, ik heb u niet verstaan. Wat zegt u?
Fietsenmaker: De banden zijn erg oud, dus het is wel logisch dat u bent gevallen.

Mehmet:	Ja, het zijn inderdaad oude banden. Het is helemaal een oude fiets, maar hij rijdt nog prima. Misschien kunt u ook even naar de remmen kijken. Ze deden het vanmorgen niet goed.
Fietsenmaker:	Ik zal de hele fiets even controleren. Ik maak hem weer tiptop in orde.
Mehmet:	Wat bedoelt u?
Fietsenmaker:	Ik maak uw fiets weer als nieuw.
Mehmet:	Nou, heel graag. Wanneer is hij klaar?
Fietsenmaker:	Morgen is het Koninginnedag, een feestdag. Dat betekent dat we dan gesloten zijn. Overmorgen aan het einde van de dag kunt u hem weer ophalen.

Woordenlijst

de fiets	Fahrrad	er zit een slag in het wiel	das Rad hat eine 8
de fietsenmaker	Fahrradhändler / Zweiradmechaniker	het wiel	Rad
		de bagagedrager	Gepäckträger
inderdaad	tatsächlich / allerdings	afgebroken (afbreken)	abgebrochen
duidelijk	deutlich / klar	**het** stuur	Lenker
lijkt (lijken)	scheint (zu haben)	**het** zadel	Sattel
total loss	Totalschaden	staan scheef	sind schief
gebeurd (gebeuren)	passiert	staan	stehen
gevallen (vallen)	gefallen	bedoelt (bedoelen)	meinen
regende (regenen)	regnete	de bel	Klingel
glad	glatt	**de** trapper	Pedal
fietste weg (wegfietsen)	fuhr weg	banden (de band)	Reifen
		verstaan (verstaan)	verstanden
fietsen	Rad fahren	logisch	logisch
de praktijk	Praxis	helemaal	ganz (und gar)
wilde (willen)	wollte	rijdt (rijden)	fährt
rechts afslaan	rechts abbiegen	remmen (de rem)	Bremsen
gleed weg (wegglijden)	rutschte aus	deden (doen)	funktionierten
		controleren	kontrollieren
mankeerde (mankeren)	fehlte	maak in orde (in orde maken)	repariere
zelf	selbst	tiptop	tipptopp

hoofdstuk 10 Bij de fietsenmaker

klaar	fertig	gesloten (sluiten)	geschlossen
de feestdag	Feiertag	het einde	Ende
het feest	Fest / Feier	ophalen	abholen
betekent (betekenen)	heißt / bedeutet		

Vocabulaire en grammatica

◆ **Zeggen dat je iemand niet verstaat**

Sorry, ik versta u niet goed. Kunt u het nog een keer zeggen?
Kunt u het even herhalen?

◆ **Zeggen dat je iets / iemand niet begrijpt**

Sorry, ik begrijp het niet.
Wat bedoelt u met *tiptop*?

◆ **Vragen hoe je iets zegt in het Nederlands**

De tringel, hoe zeg je dat in het Nederlands, is kapot.
De bel, zeg je dat zo in het Nederlands?

◆ **De fiets**   **Fahrrad**

  het stuur   Lenker
  de bel   Klingel
  het licht   Licht
  het wiel   Rad
  de band   Reifen
  de trapper   Pedal
  de standaard   Ständer
  het zadel   Sattel
  de bagagedrager   Gepäckträger

Imperfectum

Het regende gisteren en het was een beetje glad.
Ik fietste weg van onze praktijk, wilde rechtsaf slaan en gleed weg.
Ik mankeerde zelf niets, maar mijn fiets wel.

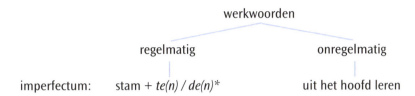

imperfectum: stam + *te(n)* / *de(n)**

* Wanneer *te(n)*, wanneer *de(n)*?
Als de stam eindigt op *s, f, t, k,* ch of *p,* dan *te(n)*. Een trucje om te onthouden is: *soft ketchup.* Als de stam eindigt op een andere klank dan de medeklinkers van *soft ketchup,* dan *de(n).*
singularis: *-de, -te*
pluralis: *-den, -ten*

Ik fietste naar huis.
We mankeerden niets.

Perfectum en imperfectum

Gebruik perfectum voor zaken die afgesloten zijn:

Wat heb je zaterdag gedaan?
Ik heb lang geslapen. We zijn naar de markt geweest. We hebben in een restaurant gegeten en daarna zijn we naar de film gegaan.

Gebruik imperfectum voor beschrijvingen:

Waar ging de film over?
Het was een prachtige film. Het ging over een vrouw. Zij vond de buurman heel leuk. Die buurman had al een vriendin, maar hij vond haar eigenlijk ook wel heel leuk. Het was heel romantisch en de film had gelukkig een happy end.

hoofdstuk 10 Bij de fietsenmaker

◆ **Betekenen** en **bedoelen**

bedoelen   De tringel, hoe zeg je dat in het Nederlands, is kapot.
            U bedoelt de bel.

            Ik maak uw fiets weer tiptop in orde.
            Wat bedoelt u?
            Ik maak uw fiets weer als nieuw.

betekenen   Morgen is het een feestdag. Dat betekent dat we dan gesloten zijn.

            Wat betekent *zadel*?
            Een zadel is een ding op je fiets. Je zit op het zadel.

Opdrachten

Opdracht 39

Je begrijpt het niet. Wat kun je zeggen? Maak de zinnen compleet.

1 Sorry, er zijn hier veel mensen. Ik _____ je niet goed. Wat zeg je?

   Kun je dat _____ zeggen?

2 Kun je dat even _____ ?

3 Wat _____ je?

4 Wat _____ dat?

5 Hoe _____ in het Nederlands?

6 Proost. _____ in het Nederlands?

Vul een vorm in van *bedoelen* of *betekenen*.

7 De buurman zei iets, maar ik wist niet wat hij _____.

8 Hij is allergisch. Dat _____ dat hij geen tomaten mag eten.

9 Ik neem een bakje champignons. Wat _____ 'bakje' eigenlijk?

10 'Mag ik dat groene, eh, daar dat groene …?' 'Oh, u _____ peterselie.'

11 'Wat _____ p.p.?' 'Per persoon.'

Opdracht 40

Werk in tweetallen. Persoon A leest de zin (links). Persoon B leest de zin rechts, vertelt over gisteren en gebruikt het imperfectum.

Persoon B: probeer het ook zonder in het boek te kijken. Na de helft ruilen persoon A en B: B leest de zinnen links.

	Vandaag	Gisteren
1	Vandaag bestel ik koffie.	Gisteren bestelde ik ook koffie.
2	Vandaag wil ik cappuccino.	Gisteren wilde ik ook cappuccino.
3	Vandaag luister ik naar de tekst.	Gisteren luisterde ik ook naar de tekst.
4	Vandaag werk ik tot 16.00 uur.	Gisteren werkte ik ook tot 16.00 uur.
5	Vandaag voel ik me niet lekker.	Gisteren voelde ik me ook niet lekker.
6	Vandaag regent het.	Gisteren regende het ook.
7	Vandaag lukt het.	Gisteren lukte het ook.
8	Vandaag trakteert Aafke.	Gisteren trakteerde Aafke ook.
9	Vandaag betaal ik.	Gisteren betaalde ik ook.
10	Vandaag gebruik ik jouw boek.	Gisteren gebruikte ik jouw boek ook.
11	Vandaag beginnen we om 9.00 uur.	Gisteren begonnen we ook om 9.00 uur.
12	Vandaag neem ik tomatensoep.	Gisteren nam ik ook tomatensoep.
13	Vandaag blijf ik tot 14.00 uur.	Gisteren bleef ik ook tot 14.00 uur.
14	Vandaag denk ik aan de vakantie.	Gisteren dacht ik ook aan de vakantie.
15	Vandaag doe ik niets.	Gisteren deed ik ook niets.
16	Vandaag geeft zij een rondje.	Gisteren gaf zij ook een rondje.
17	Vandaag zie ik Ellen en Frank.	Gisteren zag ik Ellen en Frank ook.
18	Vandaag is het hier leuk.	Gisteren was het hier ook leuk.
19	Vandaag zeg ik niets.	Gisteren zei ik ook niets.
20	Vandaag vraagt hij veel.	Gisteren vroeg hij ook veel.

hoofdstuk 10 Bij de fietsenmaker

Opdracht 41
Kies de goede reactie.

1 Hoe was de film?
   a Ik vond de film heel bijzonder.
   b Ik heb de film heel bijzonder gevonden.

2 Waarom ging je met de bus?
   a Het regende.
   b Het heeft geregend.

3 Heeft Elke al een kamer?
   a Ja, ze vond een kamer.
   b Ja, ze heeft een kamer gevonden.

4 Is je fiets weer in orde?
   a Ja, de fietsenmaker controleerde alles.
   b Ja, de fietsenmaker heeft alles gecontroleerd.

5 Vertel eens iets over die man.
   a Hij was ongeveer 40 jaar en hij had een bril.
   b Hij is ongeveer 40 jaar geweest en hij heeft een bril gehad.

6 Waarom trakteerde Aafke?
   a Ze was jarig.
   b Ze is jarig geweest.

7 Wat is er met je arm gebeurd?
   a Ik viel.
   b Ik ben gevallen.

8 Heb je dorst?
   a Nee, ik dronk al iets.
   b Nee, ik heb al iets gedronken.

9 Begint de les morgen om 8.30 uur?
   a Ja, ik vroeg het de docent.
   b Ja, ik heb het de docent gevraagd.

10 Vind je mosterdsoep lekker?
    a Ik probeerde het nog niet.
    b Ik heb het nog niet geprobeerd.

Opdracht 42

Werk in tweetallen. Je wilt een tweedehands fiets kopen. Hieronder staan vier fietsen beschreven. Noem van elke fiets een voordeel en een nadeel. Welke fiets koop je? Wat is je argument?

kleur	model	hoe oud	prijs	bijzonderheden	problemen
wit	herenfiets	3 jaar	€ 200	licht op batterij	geen versnellingen
zwart	racefiets	10 jaar	€ 100	rijdt soepel	gladde banden
groen	mountainbike	4 jaar	€ 150	10 versnellingen	remmen doen het niet goed
roze	damesfiets	6 jaar	€ 75	leren zadel	geen bagagedrager

Uitspraak

Luister goed naar deze woorden en herhaal ze.

ruilen – zuid – Duits – gebruiken – ruim – thuis – tuin – bruin – uit

neus – ruilen – grijs – beurt – blijven – deur – seizoen – ruim – allebei – zuid

11
Op een verjaardag

 Dialoog

Tom Fransen, de fietsenmaker, gaat naar de verjaardag van zijn buurvrouw Marit Mesker.

Tom: Lang zal ze leven, lang zal ze leven … Hoera Marit, van harte gefeliciteerd met je verjaardag. Ik heb een cadeau voor je, alsjeblieft. Ik hoop dat je het nog niet hebt.
Marit: Oh wat leuk, een cd met Cubaanse muziek. Fantastisch, ik ben gek op Cubaanse muziek. Dank je wel.
Tom: Ja, dat kon ik me herinneren, dat heb je een keer verteld.

Tring

Marit: Tom, in de keuken staat koffie en taart, je weet de weg. Dan doe ik even de deur open.
Tom: Lekker, maar ik ga eerst even je familie en vrienden feliciteren. Hé Peter, gefeliciteerd met je vriendin. Lang niet gezien, alles goed? Hoe is het met je bedrijf? Je bent toch accountant, of vergis ik me?
Peter: Nee, je vergist je niet. Ik werk niet meer op kantoor. Ik ben eigen baas geworden. Het gaat goed. Ik heb het druk, het kost wel veel

	tijd hoor, een eigen bedrijf. Ik verveel me nooit. Hé daar is Kirsten. Kennen jullie elkaar?
Tom:	Hallo, nee, wij kennen elkaar nog niet. Ik zal me even voorstellen, ik ben Tom Fransen, de buurman van Marit.
Kirsten:	Hallo, ik ben Kirsten Baumer, ik ben een vriendin van Marit. Prettig met je kennis te maken.
Tom:	Kom je uit het buitenland? Hoor ik een Duits accent?
Kirsten:	Ja, dat klopt, ik kom uit Hamburg en woon sinds kort in Nederland. Het bevalt me heel goed hier, ik voel me thuis in Nederland.
Tom:	Wat doe je? Studeer je of werk je?
Kirsten:	Ik ben student. Ik studeer logopedie.
Tom:	Doe je ook nog iets naast je studie?
Kirsten:	Ja, ik heb een bijbaantje. Ik werk iedere donderdag in de bioscoop.
Tom:	Wat leuk, interesseer je je ook voor films of is het gewoon een bijbaantje?
Kirsten:	Ik begrijp het niet. Niet zo snel alsjeblieft, mijn Nederlands is nog niet zo goed.
Tom:	Is film ook je hobby?
Kirsten:	Nee, niet echt. Ik houd meer van sport, van zwemmen en wandelen.
Tom:	Wat toevallig zeg, ik ook. Ik ben gisteren naar de wandelbeurs in Amsterdam geweest. Ik bereid me voor op een lange wandelreis in Chili. Op die beurs krijg je goede informatie. Het is misschien ook wel interessant voor jou.
Kirsten:	Ja, dat wil ik graag even opschrijven. Ik kan het anders niet onthouden. Heb je pen en papier bij je? En kun je misschien iets langzamer praten?
Tom:	Ja, natuurlijk. Alsjeblieft, hier is een pen.

Woordenlijst

de buurvrouw	Nachbarin	dat	dass
leven	leben	Cubaanse (Cubaans)	kubanischer
hoera	hurra	de muziek	Musik
van harte gefeliciteerd	herzlichen Glückwunsch	ben gek op (gek zijn op)	finde ich ganz toll
feliciteren met	gratulieren zum	kon (kunnen)	konnte
het cadeau	Geschenk	me herinneren (zich herinneren)	mich erinnern (an)
hoop (hopen)	hoffe		

hoofdstuk 11 Op een verjaardag

verteld (vertellen)	erzählt	het bijbaantje (de bijbaan)	Job / Nebenjob
de taart	Torte	iedere (ieder)	jeden
je weet de weg (de weg weten)	du kennst dich hier aus	de bioscoop	Kino
doe open (opendoen)	mach auf	interesseer je (zich interesseren)	interessierst du dich
eerst	erst	gewoon	einfach / nur
gezien (zien)	gesehen	begrijp (begrijpen)	verstehe
het bedrijf	Betrieb / Firma	**de** hobby	Hobby
de accountant	Rechnungsprüfer	niet echt	nicht wirklich
vergis ik me (zich vergissen)	irre ich mich	de sport	Sport
het kantoor	Büro	zwemmen	Schwimmen
eigen	eigener	wandelen	Wandern
de baas	Chef	wat toevallig	welch ein Zufall
druk	viel zu tun	de wandelbeurs	Wandermesse
de tijd	Zeit	de beurs	Messe
verveel me (zich vervelen)	langweile mich	bereid me voor op (zich voorbereiden op)	bereite mich vor auf
nooit	nie		
het buitenland	Ausland	de wandelreis	Wanderreise
hoor (horen)	höre (hören)	de reis	Reise
het accent	Akzent	Chili	Chile
dat klopt	das stimmt	de informatie	Information
het bevalt me	es gefällt mir	interessant	interessant
studeer (studeren)	studierst	opschrijven	aufschreiben
de student	Student(in)	onthouden	merken / behalten
de logopedie	Logopädie	de pen	Kuli
naast	neben	het papier	Papier
de studie	Studium	praten	sprechen

Vocabulaire en grammatica

◆ **Vragen over werk, studie, hobby's**

Wat doe je?
Studeer je?
Werk je?
Heb je een baan?

Doe je ook nog iets naast je studie?
Is film je hobby?

- **Reacties**

Ik ben fietsenmaker.
Ik studeer logopedie.
Ik heb een baan.
Ik heb het druk.
Ik zwem graag.
Ik houd van wandelen.
Ik ben gek op Cubaanse muziek.

- **Reacties**

Wat leuk.
Wat toevallig.
Wat jammer.
Wat gezellig.
Wat lekker.
Wat interessant.
Wat vervelend.

- **Reflexieve werkwoorden**

Dat kon ik me herinneren.
Je vergist je niet.
Ik zal me even voorstellen.
Zij voelt zich hier thuis.
Hij interesseert zich niet voor films.
Wij bereiden ons voor op een wandelreis.

subjectvorm	reflexief pronomen
ik	me
jij / je	je
u	u
hij, zij / ze	zich
wij / we	ons
jullie	je
zij / ze	zich

hoofdstuk 11 Op een verjaardag

◆ **Bij zich hebben**

Heb je een pen bij je?
Ik heb geen geld bij me.

◆ **Elkaar**

Kennen jullie elkaar?
We kennen elkaar drie jaar.

Opdrachten

Opdracht 43
Vul de juiste vorm in.

1 Wat is er gebeurd?

   Ik kan het _____ niet meer herinneren.

2 Een wandelreis in Chili! Is wandelen daar geen probleem?

   We gaan _____ goed voorbereiden.

3 Ze woont toch in Delft?

   Nee echt niet, je vergist _____.

4 Hebben jullie _____ al voorgesteld aan de andere studenten?

   Ja, dat hebben we al gedaan.

5 Zijn ze weggegaan?

   Ja, ze verveelden _____.

6 Hebt u uw fiets bij _____?

   Nee, die heb ik naar de fietsenmaker gebracht.

7 Hoe bevalt het Kirsten in Nederland?

   Ze voelt _____ al een beetje thuis in Nederland.

8 Hoe kennen jullie _____?

   Van de studie.

9 Gaat hij niet mee naar de film? Of heeft hij de film al gezien?

Nee, hij interesseert _____ niet voor dit soort films.

Opdracht 44
Geef antwoord op de volgende vragen.

1 Interesseer je je voor muziek?
2 Wanneer verveel je je?
3 Heb je je deze week vergist?
4 Aan wie heb je je voor het laatst voorgesteld?
5 Wat herinner je je van je laatste vakantie?
6 Wanneer voelde je je niet lekker?

Opdracht 45 – Wat leuk!
Hoe reageer je in de volgende situaties?

1 Mijn remmen doen het niet meer.
2 Ik ben vandaag jarig.
3 Ik heb een nieuwe baan gekregen.
4 Ik ga vanavond met mijn vriendin uit eten.
5 Studeer jij logopedie? Ik ook.
6 Ik kan niet op je verjaardag komen.
7 Ik heb het veel te druk.
8 Ik ga met een paar vrienden naar de film.
9 Ik heb een heel bijzonder boek over fietsen gekocht.
10 Kijk, hier is koffie met taart.

Bedenk zelf een situatie. Een ander moet reageren.

Opdracht 46
Je bent op een verjaardag. Je kent daar niemand. Je begint een gesprek met de persoon die naast je zit.

Vraag:
- hoe hij de jarige kent
- waar hij woont
- wat voor werk / studie hij doet
- wat zijn hobby's zijn

12
Naar de Evenementenhal

 Dialoog

Kirsten Baumer, de Duitse logopediestudente, is op het station in Amsterdam en gaat naar de wandelbeurs in de Evenementenhal.

Kirsten:	Goedemorgen meneer, mag ik u iets vragen? Bent u hier bekend? Weet u waar de Evenementenhal is?
Voorbijganger:	Nee, sorry, ik woon hier niet. Dat kunt u beter aan die buschauffeur vragen.
Kirsten:	Goedemorgen, ik moet naar de Evenementenhal. Kan ik dat lopen of is dat te ver?
Buschauffeur:	Het is zeker een uur lopen vanaf hier. U kunt beter met de tram gaan, lijn 25. U hebt geluk, daar komt hij net aan, u kunt direct instappen.
Kirsten:	Stopt de tram bij de Evenementenhal of moet ik nog een stuk lopen?

Buschauffeur:	Nee mevrouw, de tram stopt tegenover de ingang van de Evenementenhal, u hoeft alleen maar de straat over te steken.		

Bij de balie van de Evenementenhal.

Kirsten:	Goedemorgen, kunt u mij vertellen in welke hal de wandelbeurs is?
Portier:	Ja, boven, op de eerste verdieping, in hal 3. Ga hier de trap op. Loop rechtdoor tot het restaurant. Dat herkent u aan de blauwe ramen. Dan gaat u linksaf en aan het eind van de gang rechts, daar is hal 3. Neemt u deze plattegrond maar mee.
Kirsten:	Dank u wel. Ik zoek ook de toiletten.
Portier:	De toiletten zijn beneden. Ga hier rechts de hoek om en dan de trap af, de gang uitlopen en dan weer naar rechts. Dan ziet u de toiletten vanzelf. U kunt ook de bordjes volgen, dat is misschien makkelijker.
Kirsten:	Bedankt.

Woordenlijst

het station	Bahnhof	komt aan (aankomen)	kommt an
Bent u hier bekend?	Kennen Sie sich hier aus?	net	gerade
bekend	bekannt	instappen	einsteigen
de voorbijganger	Passant	het stuk	Stück
de buschauffeur	Busfahrer	tegenover	gegenüber
de bus	Bus	de ingang	Eingang
de chauffeur	Fahrer	over ... steken (oversteken)	überqueren
lopen	zu Fuß gehen		
zeker	sicher	de balie	Schalter
vanaf	ab	de hal	Halle
de tram	Straßenbahn	de portier	Pförtner / Portier
de lijn	Linie	boven	oben
hebt geluk (geluk hebben)	haben Glück	ga op (opgaan)	gehen Sie nach oben / hinauf

hoofdstuk 12 Naar de Evenementenhal

de trap	Treppe	de hoek	Ecke
rechtdoor	geradeaus	ga … af (afgaan)	gehen Sie nach unten / hinunter
tot	bis		
herkent (herkennen)	erkennen	uitlopen	bis zum Ende (gehen)
linksaf	nach links		
het eind	Ende	vanzelf	von selbst
rechts	rechts	bordjes (het bordje)	Schilder / Ausschilderung
neemt mee (meenemen)	nehmen Sie mit		
		volgen	folgen
de plattegrond	Plan	makkelijker ((ge)makkelijk)	einfacher
toiletten (**het** toilet)	Toiletten		
beneden	unten		

Vocabulaire en grammatica

◆ **De weg vragen / wijzen**

Mag ik u iets vragen?
Bent u hier bekend?
Weet u waar … is?
Ik zoek …

U gaat hier rechtdoor.
U steekt de straat over.
U gaat linksaf / rechtsaf.
U neemt de eerste / tweede / derde straat rechts / links.
Het restaurant is aan de rechterkant.
De toiletten zijn aan de linkerkant.
De tram stopt tegenover de ingang.
U gaat de trap op naar boven.
U gaat de trap af naar beneden.
U gaat in die richting.
Volg de bordjes.

Vocabulaire en grammatica

◆ **Scheidbare werkwoorden**

Daar komt hij net aan.
U kunt direct instappen.
U hoeft alleen maar de straat over te steken.
Neemt u deze plattegrond maar mee.

instappen
Hij stapt bij het Centraal Station in.
Hij stapte bij het Centraal Station in.
Hij is bij het Centraal Station ingestapt.
U kunt direct instappen.
U hoeft nog niet in te stappen.

meenemen
Ik neem de plattegrond mee.
Ik nam de plattegrond mee.
Ik heb de plattegrond meegenomen.
Ik mag de plattegrond meenemen.
U hoeft de plattegrond niet mee te nemen.

◆ **Imperatief**

Neutraal: Ga hier de trap op.
            Loop rechtdoor tot het restaurant.

Beleefd: Neemt u deze plattegrond maar mee.
            Doet u maar een kilo aardappels.

Maar en *maar even* maken een imperatief vriendelijk:
Hier, proef maar wat.
Ga maar even zitten.

hoofdstuk 12 Naar de Evenementenhal

Opdrachten

Opdracht 47
Vul de juiste vorm in.

1 Zij _____ (samenwonen) met haar vriend.
2 Waar ben je _____ (instappen)?
3 Dat heb ik niet met je _____ (afspreken).
4 Hij _____ (afgaan) een paar minuten geleden de trap.
5 Hoe laat _____ (aankomen) ik dan?
6 U moet daar de trap _____ (opgaan).
7 _____ (Afrekenen) jij even?
8 Ik _____ (tegenkomen) gisteren Koen in de supermarkt. Leuk hè?
9 Ik _____ (verdergaan) met les 12.
10 U kunt daar de weg _____ (oversteken).

Opdracht 48
Geef antwoord op de volgende vragen.

1 Welke drie dingen heb je vandaag meegenomen?
2 Wat kun je afbreken? Noem drie dingen.
3 Met welke dingen ga je verder? Noem drie dingen.
4 Wie kwam je gisteren tegen? Noem drie personen.
5 Welke drie dingen kun je oversteken?
6 Welke drie dingen heb je afgerekend?
7 Welke drie dingen gaf je moeder aan je mee?
8 Met welke drie mensen wil je graag iets afspreken?

Opdracht 49

Werk in tweetallen. Geef vijf instructies aan elkaar. Gebruik de imperatief.

Voorbeeld: Loop naar de deur.

Opdracht 50 – De weg vragen en wijzen

Je krijgt een papier met instructie van de docent.

Opdracht 51

Een vriend(in) van je is jarig. Je stuurt een verjaardagskaart. Je feliciteert hem (haar). Je vraagt hoe het gaat. Je geeft informatie over jezelf:

- Hoe is het met jou?
- Wat doe je op dit moment?
- Wie zitten er bij jou in de cursus?
- Is de nieuwe stad leuk?

Schrijf de verjaardagskaart.

Uitspraak

Luister goed naar deze woorden en herhaal ze.

eenvoudig – houden – nou – mevrouw – schouder – oud – blauw – augustus – pauze – wauw

bruin – houd – huid – fruit – trui – nou – mevrouw – buik – thuis – blauw

13 Bij vrienden

 Dialoog

2-9
2-10

Bas Bruin, de portier van de Evenementenhal in Amsterdam, bezoekt voor het eerst zijn nieuwe vrienden Paul en Janine.

Paul: Hallo Bas, welkom, kom binnen. Kon je het makkelijk vinden?
Bas: Ja, het was geen probleem. Het huis naast de kerk, zei je. Dat kon niet missen.
Paul: Gelukkig. Heb je Maria niet meegenomen?
Bas: Nee, ze moest de auto naar de garage brengen en ze voelde zich niet zo lekker. Jullie moeten de groeten hebben.
Paul: Bedankt, doe haar de groeten terug.
Bas: Dat zal ik doen. Ik ben wel een beetje vroeg.
Paul: O, je hoeft je niet te verontschuldigen. Leuk dat je er bent. Doe je jas maar gauw uit. Wat een weer, hè?
Bas: Zeg dat wel. Het is koud en nat. Ik ben al twee weken verkouden. Ik ben toe aan mooi weer.

Paul:	Ja, ik ook. We hebben de verwarming aan en het is juni! Ik geloof het nog niet, maar het schijnt morgen mooi weer te worden.		
Janine:	Hallo Bas, kom verder.		
Bas:	Hallo Janine. Ah, hier is het lekker warm. Alsjeblieft, ik heb iets voor jullie meegenomen.		
Janine:	Oh, wat lekker, een doos bonbons en een mooie bos bloemen. Dank je wel. Paul, wil jij de bloemen in een vaas zetten? Snijd je ze wel …?		
Paul:	Ja, ja, ik zal ze schuin afsnijden.		
Bas:	Wat een mooie kamer! Jullie houden wel van dieren zie ik; een hond, twee, nee drie katten en vissen.		
Janine:	Ja, vind je dat niet leuk?		
Bas:	Jawel, ik vind dieren heel leuk en gezellig. Wij hadden ook een kat, Tony, maar hij heeft een ongeluk gehad, hij is onder een auto gekomen. We hebben veel verdriet om zijn dood gehad. Maar we willen nu graag weer een nieuwe kat. Volgens mij zijn dieren heel goed voor je gezondheid. Je kunt om ze lachen en lachen is gezond.		
Paul:	Kom dan maar even mee naar de schuur. Onze Minoes heeft twee weken geleden jongen gekregen en we zoeken nog iemand voor het laatste katje.		

Woordenlijst

bezoekt (bezoeken)	besucht	Doe haar de groeten terug.	Bestelle ihr auch viele Grüße.
kom binnen (binnenkomen)	komm herein	vroeg	früh
de kerk	Kirche	verontschuldigen	entschuldigen
zei (zeggen)	sagtest	doe uit (uitdoen)	ziehe aus
missen	schiefgehen, verfehlen	de jas	Mantel, Jacke
		het weer	Wetter
gelukkig	zum Glück	hè?	was? / nicht wahr?
meegenomen (meenemen)	mitgebracht	Zeg dat wel!	Das kann man wohl sagen!
moest (moeten)	musste	koud	kalt
de auto	Auto	nat	nass
de garage	Werkstatt	verkouden	erkältet
brengen	bringen	ik ben toe aan (toe zijn aan)	ich bin reif für
groeten	Grüße		

hoofdstuk 13 Bij vrienden

hebben aan (aanhebben)	haben an	hadden (hebben)	hatten
de verwarming	Heizung	**het** ongeluk	Unfall
geloof (geloven)	glaube	gehad (hebben)	gehabt
schijnt (schijnen)	soll / scheint	onder de auto gekomen (onder de auto komen)	unters Auto / unter die Räder gekommen
ah	ah	hebben verdriet gehad om (verdriet hebben om)	waren sehr traurig wegen
lekker warm	schön warm		
warm	warm		
de doos	Schachtel		
bonbons (de bonbon)	Pralinen		
de bos	Strauß	**het** verdriet	Kummer
bloemen (de bloem)	Blumen	de dood	Tod
de vaas	Vase	volgens mij	meiner Meinung nach
zetten	stellen	volgens	nach / laut
snijd (snijden)	schneidest	de gezondheid	Gesundheit
schuin	schräg	lachen	lachen
afsnijden	abschneiden	gezond	gesund
dieren (het dier)	Tiere	kom mee (meekomen)	komm mit
de hond	Hund		
katten (de kat)	Katzen	twee weken geleden	vor zwei Wochen
vissen (de vis)	Fische	jongen (het jong)	Junge
jawel	doch / schon	gekregen (krijgen)	bekommen
gezellig	schön / gemütlich	laatste	letzte

Vocabulaire en grammatica

◆ **Mening vragen / geven**

Vind je dat niet leuk?
Jawel, ik vind dieren heel leuk en gezellig. Volgens mij zijn dieren ook goed voor de gezondheid.

Wat vind je van …?
Hoe vind je …?
Vind je dat niet …?

Ik vind …
Volgens mij …

◆ **Praten over koetjes en kalfjes**

Het weer
Wat een weer, hè?   Zeg dat wel.
Het wordt nu echt voorjaar.   Ja, lekker hè!

Het verkeer
Was het druk op de weg?   Nee, het was niet zo druk.
                                        Ja, op de A28 stond 12 kilometer file!

Elkaar
Lang niet gezien!   Nee, klopt.
Hoe is het met je?   Prima. Met jou ook?

◆ **Zullen (2) – belofte**

Dat zal ik doen.
Ik zal de bloemen schuin afsnijden.

Opdrachten

Opdracht 52
Reageer met *zullen*. Gebruik ook de woorden tussen haakjes.

Voorbeeld: Wil jij de auto morgen naar de garage brengen? (doen).
Antwoord: Dat zal ik doen.

1 Het is hier koud. (verwarming – aandoen)

2 De makelaar: U kunt dit eerst met uw vriend overleggen. (morgen – bellen)

hoofdstuk 13 **Bij vrienden**

3 Ik kom graag morgenavond bij je eten. (**spaghetti carbonara – maken**)

4 In een kledingzaak: Hebt u deze broek in een grotere maat? (**even kijken**)

5 Bij de fietsenmaker: Mijn fiets is kapot. Kunt u hem maken? (**controleren**)

6 Marit is morgen jarig.

7 Kennen jullie elkaar? Nee hè?

8 Wat eten we vanavond? Heb jij een goed idee?

9 In een café: Wil jij ook nog iets drinken?

10 Bij een makelaar: Welke woonruimte hebt u in de stad?

11 Bij de dokter: Ik heb ontzettende jeuk.

12 De bel gaat.

Opdracht 53

Welke reactie uit het rechterrijtje past bij de zin of vraag uit het linkerrijtje?

1 Ik ben toe aan koffie.
2 Hoe gaat het met je?
3 Ik moest de groeten aan jullie doen.
4 Ik ben wel een beetje vroeg.
5 Het adres was niet moeilijk te vinden.
6 Ik heb een doos bonbons meegenomen.
7 Wat een weer, hè?
8 Doe haar de groeten terug.

a Bedankt.
b Dat zal ik doen.
c Zeg dat wel.
d Ja, ik ook.
e Wat lekker!
f Dat is geen probleem.
g Gelukkig.
h Prima. En met jou?

Bedenk nu zelf een reactie:

9 Was het druk op de weg?
10 Lang niet gezien.
11 Kom binnen.
12 Wil je iets drinken?

Opdracht 54

Geef antwoord op de volgende vragen.

1 Wat vind je van het huis?
2 Hoe vind je de bloemen?
3 Vier katten, vind je dat niet veel?
4 Wat vind je van deze cd?
5 Hoe vind je mijn nieuwe fiets?
6 10 graden in de zomer, vind je dat niet koud?
7 Wat vind je van jonge dieren?
8 Hoe vind je de film?
9 Wat vind je van ijs met vruchten?
10 Hoe vind je de voetbalwedstrijd?

Opdracht 55

Werk in tweetallen. Jullie krijgen van je docent allebei een blad met een tekening. Zoek de vijf verschillen. Je mag niet op de tekening van de ander kijken.

14
Met de trein

Dialoog

Paul Horstbeek gaat met de trein met zijn collega Tjeerd Veenstra naar een congres in Utrecht.

Tjeerd: Wat een lange rij bij de kaartjesautomaat! Binnen bij het loket kunnen we ook treinkaartjes kopen.
Paul: Daar zal het ook wel druk zijn.
(…)
Tjeerd: Nee, het is hier helemaal niet druk. Maar ik begrijp ook wel waarom. Daar staat: 'Een kaartje bij het loket kopen is € 0,50 cent duurder.' Dat vind ik belachelijk. Dat doe ik niet.
Paul: Nee, we zijn echte Nederlanders, haha, we zijn zuinig.
(…)
Tjeerd: Even kijken, hoe werkt zo'n automaat? Ik reis eigenlijk nooit met de trein. Het zal wel niet zo ingewikkeld zijn.

Paul:	Nee, dat is het ook niet. Dit is een automaat met een aanraakscherm. Je moet eerst kiezen voor een enkele reis of een retour, dan kies je de bestemming, dan eerste of tweede klas, dan korting of vol tarief, dan kies je voor vandaag geldig of een kaartje zonder datum, dan het aantal kaartjes en als laatste kies je hoe je het bedrag wilt betalen, met muntgeld of pinnen.		
Tjeerd:	Nou, dat heb je vaker gedaan.		
Paul:	Ja, ik heb het uitgebreid met mijn moeder geoefend. Ze is 80 en ze vindt automaten meestal moeilijk. We hebben op internet geoefend, op www.ns.nl/kaartautomaat. Je kunt op internet trouwens heel veel vinden over het openbaar vervoer. Op www.9292ov.nl kun je bijvoorbeeld je reis met de trein of bus helemaal plannen.		
Tjeerd:	Wat handig. Dat wist ik niet. Hé, je kunt ook internationale kaartjes kopen bij zo'n automaat, naar Duitsland, België, Luxemburg en Frankrijk. Het congres is nog niet begonnen en ik heb nu al veel geleerd vandaag! Van welk spoor vertrekt de trein naar Utrecht?		
Paul:	Ik weet het niet. Ik vraag het wel even. Die man van de NS zal het wel weten. Meneer, mag ik u iets vragen? Kunt u me zeggen van welk spoor de trein naar Utrecht vertrekt?		
NS-medewerker:	Ja, van spoor 6.		
Tjeerd:	Weet u misschien ook of de trein vertraging heeft?		
NS-medewerker:	De trein vertrekt om 8.15 uur. Hij zal zo wel binnenkomen. U hebt nog een paar minuten. Goede reis.		
Paul:	Dan ga ik nog snel even koffie halen. En een krant, ik wil het nieuws graag even lezen. Jij ook koffie?		

Woordenlijst

de trein	Zug	het is druk	es ist viel Betrieb
de collega	Kollege	waarom	warum
het congres	Kongress	belachelijk	lächerlich
de rij	Schlange	echte (echt)	echte / richtige
de kaartjesautomaat	Fahrkartenautomat	zuinig	sparsam
		werkt (werken)	funktioniert
het kaartje	Fahrkarte	zo'n	so ein
de automaat	Automat	reis (reizen)	fahre
binnen	drinnen	ingewikkeld	kompliziert
het loket	Schalter	het aanraakscherm	Touchscreen

hoofdstuk 14 Met de trein

de enkele reis	einfache Fahrt	plannen	planen
het retour	Rückfahrkarte	handig	praktisch
de bestemming	Ziel	wist (weten)	wusste
eerste klas	erste Klasse	internationale	internationale
tweede klas	zweite Klasse	(internationaal)	
de korting	Ermäßigung	België	Belgien
vol tarief	voller Fahrpreis	Luxemburg	Luxemburg
geldig	gültig	Frankrijk	Frankreich
de datum	Datum	geleerd (leren)	gelernt
het aantal	Anzahl	de medewerker	Mitarbeiter
het bedrag	Betrag	**het** spoor	Bahnsteig
het muntgeld	Münzgeld	vertrekt (vertrekken)	abfährt
uitgebreid	ausführlich	de man	Mann
geoefend (oefenen)	geübt	de vertraging	Verspätung
meestal	meistens	de krant	Zeitung
het internet	Internet	**het** nieuws	Nachrichten / Meldungen
de NS (Nederlandse Spoorwegen)	Niederländische Eisenbahn	lezen	lesen
trouwens	übrigens		
het openbaar vervoer	öffentliche Verkehrsmittel		

Vocabulaire en grammatica

◆ **Informatie vragen**

Kunt u me zeggen …?
Weet u misschien ook of …?
Kunt u me zeggen op welk spoor de trein naar Utrecht binnenkomt?
Weet u misschien ook of de trein vertraging heeft?

◆ **Zullen (3) – waarschijnlijkheid, vaak met *wel***

Daar zal het ook *wel* druk zijn.
Het zal *wel* niet zo ingewikkeld zijn.
Hij zal zo *wel* binnenkomen.

◆ **Futurum**

De trein vertrekt om 8.15 uur.
Dan ga ik nog even snel koffie halen.
De trein uit Amsterdam zal binnenkomen op spoor 6.

Opdrachten

Opdracht 56
Maak deze zinnen 90 procent zeker. Gebruik *zal / zullen + wel*.

Voorbeeld: Ze heeft een auto.
Antwoord: Ze zal wel een auto hebben.

1 De weg is glad.

2 Ze kennen elkaar van de cursus.

3 Dat vindt ze een goed idee.

4 Ze drinkt geen wijn.

5 Je komt op tijd aan.

6 Deze cd vind je leuk.

7 Dat kun je op internet vinden.

8 Je wilt even iets drinken.

9 Je hebt te veel aardbeien gegeten.

10 Hij heeft dat vaker gedaan.

Opdracht 57
Beantwoord de volgende vragen.

1 Wat doe je na de les?
2 Wat doe je morgen?
3 Vertel over je plannen voor het komende weekend.
4 Vertel over je plannen voor het komende jaar.
5 Wat doe je dit jaar met de feestdagen?
6 Wat doe je de volgende vakantie?

Opdracht 58

Je krijgt van je docent een blad met vragen. Vraag aan de andere studenten om informatie.

Gebruik: Kun je me (misschien) zeggen …?
          Weet je (misschien) …?

De andere studenten hebben ook vragen voor jou. Luister goed en probeer antwoord te geven.

Stel twee vragen en beantwoord twee vragen. Zoek dan een andere student.

Opdracht 59
Je ziet hier informatie over een kortingskaart voor de trein, het voordeel-urenabonnement.
Werk in tweetallen. Bedenk samen drie vragen over deze kaart. Misschien kan je docent jullie vragen beantwoorden. Of kijk op de website!

Voordeelurenabonnement
Profiteer van 40% korting

U houdt van reizen, maar liever buiten de spits. U reist graag op een ontspannen manier, dus kiest u geregeld voor de trein. Een krant, een goed boek, een kop koffie. Wist u dat u met het Voordeelurenabonnement het hele jaar 40% korting krijgt als u buiten de ochtendspits reist? En dat voor maar 55 euro!

U krijgt korting op Enkele reizen, Dagretours, Weekendretours, Dagkaarten en 5-Retourkaarten. Uw korting geldt zowel voor de 1e als de 2e klas.

Wanneer reist u met 40% korting?
- Van maandag t/m vrijdag vanaf 9.00 uur 's morgens;
- Tijdens het weekend de hele dag;
- In de maanden juli en augustus de hele dag;
- Tijdens de volgende (feest)dagen de hele dag: Goede Vrijdag, 2e paasdag, Koninginnedag, Hemelvaartsdag, 2e pinksterdag, 25 december t/m 1 januari

Voor 9.00 uur op pad?
U koopt dan twee kaartjes: één voor het normale tarief, geldig tot aan het eerste station waar de trein na 9.00 uur vertrekt. En één kaartje dat geldig is vanaf dit station, met de gebruikelijke 40% korting.

Nóg meer voordeel
- Samenreiskorting. Maximaal 3 reisgenoten krijgen ook korting.
- Bijna 70% korting bij de parkeerterreinen van Q-Park.
- Gratis wandel- en fietstochten.
- 4x per jaar het NS-magazine Spoor.
- Korting op een Greenwheels-abonnement.
- Bij Hertz korting op een huurauto.
- Voor slechts 15 euro RailPlus (25% korting op veel treinreizen door Europa).

Veelgestelde vragen over dit onderwerp:
- Kosten Voordeelurenabonnement

De prijs van het Voordeelurenabonnement bedraagt 55 euro per contractjaar.

Kosten Voordeelurenabonnement
40% korting? Zó geregeld

Opdracht 60

Je bent met de trein weggeweest en je hebt iets in de trein laten liggen. Ga naar de site www.ns.nl. Ga naar *Service, Verloren voorwerpen* en vul het formulier online in. Je kunt ook het formulier hieronder invullen.

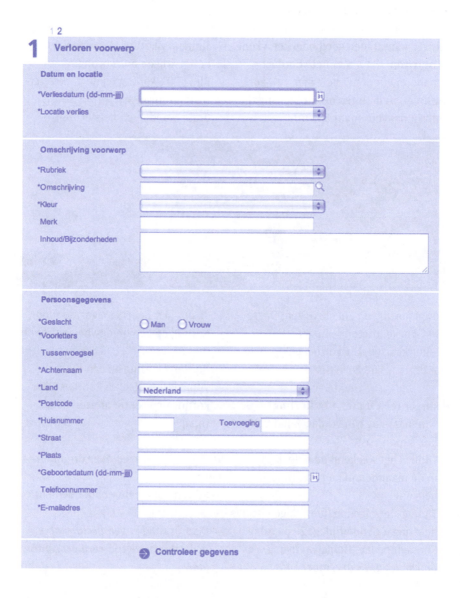

Uitspraak

Luister goed naar deze woorden en herhaal ze.

groen – bedoelen – woensdag – bloem – hoek – vervoer – roepen – moeder – oefenen – goedkoop

buurt – bus – bloem – hoek - huren – studie – nummer – zullen – muziek – oefenen

15 In de trein

Dialoog

2-14
2-15

Tjeerd Veenstra gaat na het congres naar Schiphol om zijn nicht, Amira Marsman uit Colombia, op te halen.

Tjeerd: Hallo Amira, welkom in Nederland. Heb je een goede reis gehad?
Amira: Hallo oom Tjeerd. Ja, het ging allemaal prima. Het was niet zo druk in het vliegtuig. De reis duurde alleen een beetje lang. Waar is tante Lena?
Tjeerd: Die moest helaas werken. Leuk dat je bij ons komt logeren. Je hebt toch wel koffie meegenomen, hè?
Amira: Ja, natuurlijk heb ik dat gedaan. Ik heb twee pakken lekkere koffie uit Colombia bij me. Die zitten veilig in mijn tas.
Tjeerd: Je bent geweldig. Kom, we gaan gauw naar de trein. Die vertrekt over een paar minuten naar Enschede. Zal ik deze grote koffer dragen, en jij die?

Amira: Kunt u die allebei niet dragen? Nee hoor, grapje. Mag ik bij het raampje zitten, net als vroeger? Dan kan ik lekker naar buiten kijken.
Tjeerd: Jij mag alles, je hebt zo'n lange reis achter de rug.
(…)
Amira: Kijk eens oom Tjeerd, daar lopen hele kleine pony's in de wei. Het zijn net grote honden, zo klein zijn ze.
Tjeerd: Ja, dat zijn shetlandpony's. Heb je die in Colombia niet?
Amira: Misschien wel, ik heb ze nog nooit gezien. Wat is het landschap hier toch anders. Het is hier zo plat, geen berg te zien. Dat is een groot verschil met Colombia. Je kunt hier zo ver kijken.
Tjeerd: Ja, dat ben je niet gewend, hè? We moeten even goed opletten, dan zien we zo meteen het Naardermeer. Dat is een prachtig natuurgebied.
Amira: Oh ja, wat mooi, en moet je eens zien wat een mooie lucht. Dat is echt de Nederlandse lucht van de schilderijen.
Tjeerd: Ja, dit is een prachtig stukje Nederland. Je moet ook even naar rechts kijken, daar staat een heel oude molen.
Amira: Ja, typisch Nederlands, hè?
Tjeerd: Ja. Ik krijg een beetje honger. Jij ook? Ik heb op Schiphol broodjes gekocht voor onderweg. Wil je ook een broodje?
Amira: Ja, lekker.
Tjeerd: Wil je dit of dat broodje?
Amira: Ik wil graag dat broodje met kaas. Daarna ga ik even slapen. Ik ben toch wel moe geworden van de reis.
Tjeerd: Prima, welterusten. Ik maak je in Enschede wel wakker.

Woordenlijst

Colombia	Kolumbien	geweldig	großartig / klasse
ging (gaan)	ging	de koffer	Koffer
het vliegtuig	Flugzeug	dragen	tragen
duurde (duren)	dauerte	het grapje	kleiner Scherz /
helaas	leider	(de grap)	Witz
logeren	wohnen / übernachten	het raampje (raam)	Fenster
		net als	genau so wie
pakken (het pak)	Päckchen	vroeger	früher
veilig	sicher	lekker	schön
de tas	Tasche	buiten	draußen

hoofdstuk 15 In de trein

je hebt achter de rug (achter de rug hebben)	du hast hinter dir	het natuurgebied	Naturgebiet
		de natuur	Natur
		het gebied	Gebiet
achter	hinter	de lucht	Luft / Himmel
pony's (de pony)	Ponys	schilderijen (het schilderij)	Gemälden
de wei	Weide		
net	wie	het stukje (het stuk)	Stück
de shetlandpony	Shetlandpony	de molen	Mühle
gezien (zien)	gesehen	broodjes (het broodje)	Brötchen
het landschap	Landschaft		
anders	anders	gekocht (kopen)	gekauft
plat	flach	onderweg	unterwegs
de berg	Berg	de kaas	Käse
het verschil	Unterschied	moe	müde
gewend	gewohnt	welterusten	schlaf gut
opletten	aufpassen	maak wakker (wakker maken)	wecke
zo meteen	gleich		

Vocabulaire en grammatica

◆ **Beschrijven wat je ziet**

Kijk eens …
Moet je eens zien …
Kijk eens oom Tjeerd, daar lopen hele kleine pony's in de wei.
Moet je eens zien wat een mooie lucht.

◆ **Demonstratief pronomen – zelfstandig**

Ik heb twee pakken lekkere koffie uit Colombia bij me. **Die** zitten veilig in mijn koffer.
Kom, we gaan gauw naar de trein. **Die** vertrekt over een paar minuten.
Loop rechtdoor tot het restaurant. **Dat** herkent u aan de blauwe ramen.

de-woord	die
het-woord	dat

Personen – die
- Waar is tante Lena?
- Die moest helaas werken.

Hele zin – dat
- Je hebt toch wel koffie meegenomen, hè?
- Ja, natuurlijk heb ik dat gedaan.

Dit / dat is / zijn
Dit is Amira uit Colombia.
Dit zijn oom Tjeerd en tante Lena.
Dat is een prachtig stukje Nederland.
Dat zijn shetlandpony's.

Opdrachten

Opdracht 61
Vul in: *die*, *dit*, *dat*.

1 Kijk, ik heb nieuwe schoenen. O, _____ zijn leuke schoenen! Waar heb je _____ gekocht?

2 Zullen we zondag samen eten? Ja, _____ is een leuk idee.

3 Ken je de cd Superpower? Ja, _____ heb ik voor mijn verjaardag gekregen van Paulien.

4 Waar is Bram? _____ haalt nog even koffie.

5 Heb je al kaartjes gekocht? Ja, _____ heb ik gisteren direct na de les gedaan.

6 Heb je het boek al gelezen? Ja, _____ heb ik al gelezen. En jij?

7 Was de trein op tijd? Nee, _____ was weer te laat.

8 Waar zijn je koffers? O, _____ staan daar, in de gang.

9 Mag ik even naar de wc? Ja hoor, _____ is goed.

10 Hoe ken je Kirsten en Tobias? _____ ken ik van de cursus.

11 Vraag jij de rekening even? Ja, _____ zal ik doen.

12 Heb jij mijn pen gezien? Ja, _____ ligt hier, onder je boek.

hoofdstuk 15 **In de trein**

13 Wie zijn die jongens op de foto? _____ zijn mijn broers.

14 Mag ik je even voorstellen? _____ is Paul, mijn docent.

Opdracht 62

Bedenk een reactie op de vragen. Begin met *dat, die*.

1 Ken je deze cd?
2 Hoe heet dit ding?
3 Hoe heet de persoon naast jou?
4 Zal ik je koffers dragen?
5 Waar zijn je ouders?
6 Misschien kunnen we samen een huis huren?

Opdracht 63

Je ziet hier zes reacties. Bedenk zelf een vraag.

Voorbeeld: *Antwoord:*
_____ Waar woont Ernst?
Die woont bij Anna in huis. Die woont bij Anna in huis.

1 _____

Dat zijn druiven.

2 _____

Nee, dit is de bus naar Enschede.

3 _____

Dat weet ik niet.

4 _____

Die slapen nog, denk ik.

5 _____

O, dat is romantisch!

6 _____

Ja, die ken ik.

Opdrachten

Opdracht 64
Werk in tweetallen. Jullie zitten in de trein en jullie vertellen elkaar wat je ziet en hoe mooi of bijzonder je dat vindt.

a

b

c

16
Naar de bioscoop

Dialoog

Amira Marsman uit Colombia gaat naar de bioscoop.

Amira: Goedenavond, mag ik een kaartje voor *No country for old men*?
Caissière: Voor wanneer wilt u reserveren?
Amira: Nee, ik wil niet reserveren. Ik wil graag een kaartje voor vandaag, voor de voorstelling van 20.15 uur.
Caissière: Het spijt me maar *No country for old men* is al om 19.45 uur begonnen. U mag nog wel naar binnen.
Amira: Wat stom. Ik heb verkeerd gekeken, denk ik. Het is nu, even kijken, 20.00 uur dus de film is al een kwartier bezig. Nee, dat wil ik niet want ik heb het begin gemist, dat vind ik niet leuk. Draaien er nog andere films?
Caissière: Eh, ja hoor. Om 20.45 uur draait *Zomerhitte* en om 21.30 uur *Earth*. Eerder niet.
Amira: Hm, ze zeggen me allebei niets.

Caissière:	Zomerhitte is een Nederlandse film. Hij is op Texel opgenomen, naar een verhaal van Jan Wolkers, en Earth is een natuurdocumentaire. Hij draait al heel lang, iedereen vindt hem erg mooi.
Amira:	Zijn de films Nederlands gesproken of hebben ze ondertitels?
Caissière:	Zomerhitte is Nederlands gesproken en Earth is ondertiteld.
Amira:	Hoe lang duurt Zomerhitte?
Caissière:	Bijna 100 minuten, zonder pauze.
Amira:	Dan een kaartje voor Zomerhitte, 1ᵉ rang graag.
Caissière:	We hebben geen rangen, alles is hier 1ᵉ rang. Dat is dan € 9,-.
Amira:	Alstublieft.
Caissière:	Dit is uw kaartje. Veel plezier.

Woordenlijst

de caissière	Kassiererin	naar een verhaal van	nach einer Erzählung von
reserveren	reservieren	de natuurdocumentaire	Naturdokumentation
het kaartje	Eintrittskarte	de documentaire	Dokumentarfilm
de voorstelling	Vorstellung	gesproken (spreken)	(gesprochen)
wat stom	zu blöde	de ondertitels (ondertitel)	Untertitel
verkeerd	falsch		
gekeken (kijken)	geguckt	ondertiteld (ondertitelen)	untertitelt / (OmU)
bezig	läuft		
het begin	Anfang	bijna	fast / beinahe
gemist (missen)	verpasst	de rang	Rang
draaien	laufen	het plezier	Spaß
de zomerhitte	Sommerhitze		
de hitte	Hitze		
eerder	früher		
opgenomen (opnemen)	gedreht		

hoofdstuk 16 **In de bioscoop**

Vocabulaire en grammatica

♦ **Conjuncties**

Hoofdzin + hoofdzin

Zomerhitte *is* Nederlands gesproken **en** Earth *is* ondertiteld.
Zijn de films Nederlands gesproken **of** *hebben* ze ondertitels?
Het *spijt* me **maar** No country for old men *is* al om 19.45 uur begonnen.
Nee, dat *wil* ik niet **want** ik *heb* het begin gemist.
Het *is* nu 20.00 uur **dus** de film *is* al een half uur bezig.

Opdrachten

Opdracht 65

Vul in wat het meest logisch is in de zin: *en, of, maar, want, dus*.

1 Je kunt een kaartje kopen bij de automaat _____ je kunt naar het loket gaan.

2 Het wiel van mijn fiets staat scheef _____ de rem doet het niet goed.

3 Het is een Nederlandse film _____ je moet goed luisteren en opletten.

4 Mijn zus is getrouwd _____ ze woont nu in Colombia.

5 Ik wil u graag helpen _____ ik ben hier helaas ook niet bekend.

6 We moesten heel lang wachten _____ Cecilia's vliegtuig kwam veel te laat aan.

7 We kunnen hier nog een kopje koffie nemen _____ we kunnen naar een ander café gaan.

8 Een kortingskaart is handig _____ je mag niet voor negen uur met korting reizen.

9 Je hoeft niet met de bus te gaan _____ de bioscoop is hier dichtbij.

10 Je hebt een voordeelurenkaart _____ je mag ook drie andere personen met korting laten reizen.

Opdracht 66

Een persoon zegt een zin, bijvoorbeeld: *Ik ga zondag naar de film.*
De volgende persoon moet de zin aanvullen met een conjunctie en een nieuwe zin, bijvoorbeeld: *Ik ga zondag naar de film of naar mijn ouders.*
De derde persoon begint met de laatste zin, kiest een conjunctie en maakt de zin af, bijvoorbeeld: *Ik ga naar mijn ouders dus ik moet vroeg opstaan.*
Enzovoort.

Opdracht 67

Zoek iemand om mee naar de film te gaan.
Kies naar welke film je wilt gaan, op welke dag en op welk tijdstip. Je kunt kiezen uit:

- Soort film: romantisch, actie, komisch
- Dag: vrijdag, zaterdag, zondag
- Tijdstip: 19.00 uur, 20.30 uur, 21.15 uur

Loop door het lokaal en zoek iemand die dezelfde keuze heeft gemaakt.

Opdracht 68

Werk in een groepje van drie of vier personen.
Ieder van jullie krijgt een beschrijving van een andere film. Lees die beschrijving. De andere personen moeten jou vragen stellen over die film. Je mag niet uit jezelf informatie geven. Je mag alleen vragen beantwoorden.

Als jullie alle informatie hebben over de verschillende films, moeten jullie samen een film kiezen om naartoe te gaan.

hoofdstuk 16 In de bioscoop

Uitspraak

Luister goed naar deze woorden en herhaal ze.

bezig – gelukkig – veilig – handig – zuinig – jarig – prachtig – toevallig – weinig – zonnig

belachelijk – duidelijk – smakelijk – eigenlijk – heerlijk – gemakkelijk – moeilijk – natuurlijk – verschrikkelijk – mogelijk

zuinig – heerlijk – eigenlijk – prachtig – zonnig – handig – smakelijk – mogelijk – veilig – natuurlijk

17
Met de helpdesk

Dialoog

Tina Pothof, de caissière van de bioscoop, belt met de helpdesk van haar provider Internetbel.

Tring ...
Er zijn nog vijf wachtenden voor u. (...) Er is nog één wachtende voor u.

Telefonist: Internetbel, waarmee kan ik u van dienst zijn?
Tina: Goedemorgen, u spreekt met Tina Pothof. Ik heb een vraag over mijn computer, ik hoop dat u me antwoord kunt geven.
Telefonist: Waar gaat uw vraag over?
Tina: Over het pakket Internetten en bellen met de vaste telefoon. Ik kan niet meer tegelijk internetten en bellen. Is er misschien een storing in het systeem?
Telefonist: Nee, dat is niet het geval. Ik verbind u door. Ogenblikje.

Helpdeskmedewerker:
              Goedemorgen, wat kan ik voor u doen?

hoofdstuk 17 Met de helpdesk

Tina: Goedemorgen, met Tina Pothof. Ik heb een probleem met mijn computer en telefoon. Ik kan niet telefoneren en internetten op hetzelfde moment.
Helpdeskmedewerker:
Is er iets veranderd? Hebt u bijvoorbeeld de instellingen aangepast of een nieuw programma geïnstalleerd?
Tina: Nee, behalve de taal. Ik heb de taal van Word in het Nederlands gezet maar dat is alles.
Helpdeskmedewerker:
Hm, dat is vreemd. Zit u nu achter de computer?
Tina: Ja.
Helpdeskmedewerker:
Gaat u eens naar onze website. Klik dan op *klant*. U krijgt dan een scherm waarop u uw inlognaam en wachtwoord moet intikken. U hebt een brief van ons met die gegevens.
Tina: Ja, dat is nu juist het probleem, ik kan de website niet openen want ik ben met u aan het bellen en ik kan niet tegelijkertijd internetten en bellen.
Helpdeskmedewerker:
Hebt u geen mobiele telefoon?
Tina: Nee, ik ben mijn mobieltje kwijt en ik heb nog geen nieuwe gekocht.
Helpdeskmedewerker:
Goed, waarschijnlijk is er niet zo veel aan de hand, maar we kunnen het op deze manier niet oplossen. Er komt een monteur bij u langs. Bent u er morgenochtend?
Tina: Nee, morgenochtend is niet mogelijk, maar vanaf 13.00 uur ben ik er wel weer.
Helpdeskmedewerker:
Prima, dan noteer ik morgenmiddag tussen 13.00 en 17.00 uur.
Tina: Wat lang! Kunt u het niet preciezer zeggen?
Helpdeskmedewerker:
Nee, sorry, u kunt wel op onze website kijken. Daar kunt u morgen zien hoe laat de monteur komt. U hoeft dan alleen uw adres in te typen.
Tina: Oké, dat zal ik doen. Bedankt. Dag.

Woordenlijst

de helpdesk	Hotline / Helpdesk
de provider	Anbieter / Provider
wachtenden (de wachtende)	Wartender / Anrufer
de telefonist	Telefonist
waarmee	womit
van dienst zijn	dienen
de vraag	Frage
het antwoord	Antwort
het pakket	Paket
de vaste telefoon	Festnetztelefon
tegelijk	zugleich
internetten	im Internet surfen
de storing	Störung
het systeem	System
dat is niet het geval (**het** geval zijn)	das ist nicht der Fall
verbind door (doorverbinden)	verbinde
ogenblikje (**het** ogenblik)	einen Augenblick / Moment
de telefoon	Telefon
telefoneren	telefonieren
op hetzelfde moment	gleichzeitig
veranderd (veranderen)	verändert
bijvoorbeeld	zum Beispiel
instellingen (de instelling)	Einstellung
aangepast (aanpassen)	verändert / angepasst
het programma	Programm
geïnstalleerd (installeren)	installiert
behalve	außer
vreemd	komisch / merkwürdig
achter de computer	am Computer
klikt (klikken)	klicken
het scherm	Fenster
waarop	in dem
de inlognaam	Benutzername
inloggen	einloggen
het wachtwoord	Passwort
wachten	warten
het woord	Wort
intikken	eingeben
de brief	Brief
gegevens (**het** gegeven)	Angaben / Daten
juist	gerade
openen	öffnen
tegelijkertijd	gleichzeitig
de mobiele telefoon	Mobiltelefon
het mobieltje	Handy
ben kwijt (kwijt zijn)	habe verloren
waarschijnlijk	wahrscheinlich
er is niet veel aan de hand (aan de hand zijn)	ist es kein großes Problem
op deze manier	so / auf diese Art und Weise
oplossen	lösen
de monteur	Techniker
komt langs (langskomen)	kommt vorbei
mogelijk	möglich
noteer (noteren)	notiere
tussen	zwischen
preciezer (precies)	genauer
de website	Website
in te typen (intypen)	einzugeben

hoofdstuk 17 Met de helpdesk

Vocabulaire en grammatica

◆ Telefoneren

Goedemorgen, u spreekt met Tina Pothof. / Goedemorgen, met Tina Pothof.
Kan ik meneer Jansen spreken? Is meneer Jansen aanwezig?
Ik verbind u door. Ogenblikje.
Kan ik hem ergens anders bereiken?
Sorry, ik heb het verkeerde nummer ingetoetst. / Sorry, ik ben verkeerd verbonden.
Kan ik een boodschap doorgeven?
Kan ik een boodschap aannemen?
Kunt u / Kun je zeggen dat ik gebeld heb?
De telefoon gaat.
Wil jij even opnemen?
Hij heeft al opgehangen.

◆ Er

1 *Er* + indefiniet subject
   Er zijn nog vijf wachtenden voor u. (…) **Er** is nog één wachtende voor u.
   Is **er** misschien een storing in het systeem?
   Is **er** iets veranderd?
   Er komt een monteur bij u langs.

2 *Er / daar* – als plaats
   Bent u **er** morgenochtend?
   Vanaf 13.00 uur ben ik **er** wel weer.
   Daar kunt u morgen zien hoe laat de monteur komt.

◆ Zijn + aan het + infinitief

Ik **ben** met u **aan het bellen**.
Bent u op dit moment **aan het internetten**?

Opdrachten

Opdracht 69
Geef antwoord op de volgende vragen.

Voorbeeld: Zijn er veel buitenlanders?
Antwoord: Ja, er zijn veel buitenlanders. / Nee, er zijn niet veel buitenlanders.

1 Is er een apotheek?
2 Zijn er bananen?
3 Is er nog koffie?
4 Is er ook soep?
5 Hoeveel auto's staan er?
6 Zijn er studenten?
7 Is er iemand bij de balie?
8 Is er iemand in de gang?
9 Staat er een bank in de kamer?
10 Gaat er een bus naar het park?
11 Is er een restaurant bij het station?
12 Is er iets?
13 Ben je in dat café geweest?
14 Ben je lang op Silkes verjaardag gebleven?
15 Heb je in Engeland gewoond?
16 Wat heb je in Amsterdam gedaan? Gestudeerd? Gewerkt?
17 Wat heb je in Denemarken gedaan?
18 Is mevrouw Jansen op het werk?
19 Kun je vegetarisch eten in dat restaurant?
20 Woont ze al lang in deze buurt?

Opdracht 70
Geef antwoord op de volgende vragen. Gebruik het woord tussen haakjes. Probeer *er* ook te gebruiken.

1 Is er op dit moment iemand in jouw huis? (niemand)
2 Wil je koffie? We hebben geen kantine. (automaat)
3 Kunnen we in die straat iets drinken? (veel cafés)

hoofdstuk 17 Met de helpdesk

4 Kan ik de spaghetti carbonara krijgen? (geen spaghetti carbonara)
5 Hoeveel tomaten zijn er nog? (acht tomaten)
6 Je weet toch waar de kantine is? (ja, koffie gedronken)
7 Is iedereen in de les? (nee, Ernst en Lisa niet)
8 Ben je al in Amsterdam geweest? (nee)
9 Heb je het museum gezien? (ja, zondag geweest)
10 Is dat een leuk gebied voor een vakantie? (ja, goed wandelen)

Opdracht 71

Kies drie situaties uit. Voer de telefoongesprekken.

Voorbeeld:

Boekhandel **De Lezer**   woordenboek **Duits - Nederlands**

Gesprek:

A Boekhandel De Lezer, goedemiddag.
B Dag, met Sonja de Jong. Ik zoek een Duits-Nederlands woordenboek. Hebt u dat?
A Even kijken. Ja, ik heb verschillende woordenboeken. Een reiswoordenboek, een pocketwoordenboek en een dikker woordenboek.
B En hoe duur zijn die?
A Het goedkoopste is € 12,- en het duurste € 35,-.
B Staan er ook lidwoorden bij de Nederlandse woorden?
A Dat weet ik niet.
B Dan kom ik vanmiddag zelf wel even kijken. Dank u wel voor de informatie.
A Tot uw dienst.

Je belt met …	Waarom bel je?
de huisarts	afspraak – hoofdpijn
je docent	donderdag niet – huiswerk
een pizzeria	pizza bestellen
de bioscoop	kaartjes reserveren
J. de Groot	advertentie krant – fiets te koop
de makelaar	afspraak – woning bekijken
restaurant De 7^e hemel	tafel reserveren

een vriend(in)   uitnodigen feest
NS   trein – tas laten liggen
Talencentrum   cursus niveau 2 – nog plaats?

Opdracht 72
Pak je mobieltje en vertel erover. Hoe duur was het? Waarom heb je dit type gekocht?

18
Bij de politie

Dialoog

2-21
2-22

Matti van der Schaaf, de helpdeskmedewerker, gaat naar de politie nadat zijn portemonnee gestolen is.

Matti: Goedemiddag, mijn portemonnee is gestolen, ik wil aangifte doen.
Politieagent: Dat kan. U kunt ook aangifte doen via internet, maar het kan hier ook. Wat is er gebeurd?
Matti: Ik zat op een terras met mijn collega, het was zulk lekker weer. Toen ik wilde afrekenen, lag mijn portemonnee niet meer op tafel. Ik heb overal gezocht maar hij lag nergens.
Politieagent: Weet u zeker dat uw portemonnee op tafel lag?
Matti: Ja, we wilden betalen maar het was druk op het terras. Voordat we konden afrekenen, had ik hem op tafel gelegd. Ik herinner me dat zo goed omdat ik een nieuwe portemonnee heb. De rits van de oude was kapot zodat het geld steeds uit mijn portemonnee viel. Op het terras heb ik alles uit de oude portemonnee gehaald en in de nieuwe gedaan.
Politieagent: Hebt u de dader gezien?

Matti:	Nee, ik heb niemand gezien. De portemonnee is gestolen terwijl mijn collega naar de wc was en ik even met mijn buurman praatte, denk ik. Die zat namelijk ook op het terras. Niet zo slim van me.
Politieagent:	Nee, inderdaad. Hoe ziet uw portemonnee eruit?
Matti:	Oei, dat is een moeilijke vraag omdat ik hem net heb. Hij is in ieder geval rood, hij is van leer en verder weet ik het eigenlijk niet.
Politieagent:	Hoeveel geld zat er in uw portemonnee? Zaten er ook pasjes in, een rijbewijs, een identiteitskaart?
Matti:	Dat weet ik wel precies. Er zat niet heel veel geld in, 10 euro. Mijn bankpas en identiteitskaart zaten er ook in.
Politieagent:	Weet u dat u uw bankrekening moet blokkeren? Ik bedoel het pasje.
Matti:	Ja, dat heb ik onmiddellijk gedaan, hoewel dat wel heel onhandig is.
Politieagent:	Hoezo?
Matti:	Omdat ik nu zelf ook geen geld kan ophalen.
Politieagent:	Mm, vervelend. Ik heb alles opgeschreven. Zodra uw portemonnee gevonden is, nemen we contact met u op.
Matti:	Ik denk dat die kans klein is.
Politieagent:	Als ik eerlijk ben, denk ik dat ook. Maar je weet maar nooit.

Woordenlijst

de politie	Polizei / Wache	overal	überall
nadat	nachdem	gezocht (zoeken)	gesucht
de portemonnee	Portemonnaie	nergens	nirgends / nirgendwo
gestolen (stelen)	gestohlen		
aangifte doen	Anzeige erstatten	voordat	bevor
de politieagent	Polizist	konden (kunnen)	konnten
via	über / im	had (hebben)	hatte
zat (zitten)	saß	gelegd (leggen)	gelegt
het terras	Straßencafé / Terrasse	omdat	weil / da
		de rits	Reißverschluss
zulk	solch	zodat	sodass
toen	als	het geld	Geld
lag (liggen)	lag	steeds	dauernd / ständig

hoofdstuk 18 Bij de politie

viel (vallen)	fiel	de rekening	Konto
de dader	Täter	blokkeren	sperren
niemand	niemand	onmiddellijk	unverzüglich /
terwijl	während		sofort
denk (denken)	denke / glaube	hoewel	obwohl
namelijk	nämlich	onhandig	unpraktisch
slim	schlau / klug	hoezo	wieso
ziet eruit (eruitzien)	sieht aus	opgeschreven	aufgeschrieben
oei	oh je	(opschrijven)	
in ieder geval	jedenfalls	zodra	sobald
het leer	Leder	gevonden (vinden)	gefunden
pasjes (het pasje)	Ausweise, Karten	nemen contact op	nehmen Kontakt
het rijbewijs	Führerschein	(contact	auf
de identiteitskaart	Personalausweis	opnemen)	
de bankpas	Bankkarte	de kans	Chance
de bankrekening	Bankkonto	als	wenn
de bank	Bank	eerlijk	ehrlich

Vocabulaire en grammatica

◆ **Conjuncties**

  ◆ Hoofdzin + bijzin
  Ik *herinner* me dat zo goed **omdat** ik een nieuwe portemonnee *heb*.
  De rits van de oude *was* kapot **zodat** het geld steeds uit de portemonnee *viel*.
  Ja, dat *heb* ik onmiddellijk gedaan, **hoewel** dat wel heel onhandig *is*.
  De portemonnee *is* gestolen, **terwijl** mijn collega naar de wc *was*.
  Matti van der Schaaf *gaat* naar de politie, **nadat** zijn portemonnee gestolen *is*.

  ◆ Bijzin + hoofdzin met inversie
  Als ik eerlijk *ben*, *denk* ik dat ook.
  Zodra uw portemonnee gevonden *is*, *nemen* we contact met u op.

  Volgorde in de bijzin: modaal werkwoord + ander werkwoord
  Toen ik **wilde afrekenen**, lag mijn portemonnee niet meer op tafel.
  Voordat we **konden afrekenen**, had ik hem op tafel gelegd.
  Omdat ik nu zelf ook geen geld **kan ophalen**.

Opdrachten

Opdracht 73
Maak van beide zinnen één zin. Gebruik de conjunctie.

1 hoewel
We vonden nog een plaats op het terras.
Het was erg druk.

2 omdat
Je kunt internet nu niet gebruiken.
Er is een storing.

3 zodat
We wonen met vijf studenten in een huis.
We wonen niet zo duur.

4 zodra
Ik koop een nieuwe computer.
Deze computer gaat kapot.

5 voordat
Je moet zelf alle instellingen controleren.
Je belt de internetprovider.

6 toen
Mijn portemonnee is gestolen.
Ik praatte even met iemand naast ons.

7 als
Je mag niet naar binnen.
De film is al begonnen.

8 omdat
Charlotte kan geen geld opnemen.
Ze is haar bankpas kwijt.

hoofdstuk 18 Bij de politie

9 nadat
Ik ga pas een nieuwe kast kopen.
Ik heb een kamer gevonden.

10 terwijl
Bas kookt het eten.
Maria brengt de auto naar de garage.

Variant: Lees de zinnen van opdracht 69 en begin met de conjunctie.
Let op: bij zin 3 (zodat) kan dat niet.

Opdracht 74
Maak de zin af met het deel tussen haakjes. Denk om de positie van de werkwoorden.

Voorbeeld: [je wilt me helpen] Ik vind het erg fijn dat _____
Antwoord: Ik vind het erg fijn dat je me wilt helpen.

1 [je wilt nog langer blijven] Zeg het maar, als

2 [je kunt hier studeren] Je moet Nederlands leren, voordat

3 [ik mocht bij mijn tante logeren] Die vakantie was niet duur, omdat

4 [ik moest een nieuw mobieltje kopen] Ik heb informatie gevraagd, toen

5 [er zal vanmiddag een monteur komen] Ik moet thuis blijven, omdat

6 [ik wil liever lopen] Ik ga met jullie met de auto mee, hoewel

7 [we kunnen iets afspreken] Ik pak even mijn agenda, zodat

8 [ik kan weer pinnen] Je krijgt je geld terug, zodra

9 [ik moet nog werken] Iedereen zit lekker op het terras, terwijl

10 [het zal wel duur zijn] Ik wil dat schilderij kopen, hoewel

Opdracht 75

Werk in tweetallen. Jullie krijgen allebei een schema. Maak het schema compleet.
Stel elkaar vragen: wie, wat, wanneer, waar en hoe zag de dader eruit.

Opdracht 76

Er is een portemonnee gestolen van iemand op een terras. Jij hebt dat gezien. De politie ondervraagt je.
Je moet beschrijven wat er gebeurde.

Opdracht 77

Je komt thuis en je ziet dat iemand in je huis is geweest en spullen van jou heeft meegenomen. Er is ingebroken!
Je doet aangifte bij de politie. Je moet op het aangifteformulier de situatie beschrijven. Je moet de volgende informatie geven:

- Welke dag was het?
- Hoe laat was het?
- Wat was de situatie?
- Wat zag je?
- Wat mis je?

Schrijf een korte tekst.

hoofdstuk 18 Bij de politie

Uitspraak

Luister goed naar deze woorden en herhaal ze.

bedrag – geld – beginnen – groot – oog – dochter – licht – toch – wachten – echt

geschikt – scherm – verschillend – misschien – schuin

allergisch – romantisch – fantastisch – logisch – typisch

Bijlage 1
Checklist Niveau A2

A1 tot en met C2 zijn beschrijvingen van taalniveaus.

Als je *In de startblokken* hebt doorgewerkt, heb je niveau A2.
Je kunt dat zelf controleren. Lees deze lijst goed door en vraag jezelf af: kan ik dit? Niet alles is in dit boek behandeld, maar meestal kun je van jezelf wel bedenken of je dit kunt of niet.

A2 Luisteren

1. ☐ Ik kan zinnen begrijpen over: persoonlijke gegevens, gezin, winkelen, woonplaats, enzovoort.
2. ☐ Ik kan begrijpen wat mensen tegen mij zeggen. Ze moeten wel duidelijk en langzaam spreken.
3. ☐ Ik kan korte en eenvoudige berichten begrijpen.
4. ☐ Als mensen mij de weg wijzen, begrijp ik wat ze vertellen.
5. ☐ Ik kan de belangrijkste informatie uit korte luisterteksten begrijpen. Ik moet wel vooraf weten wat het onderwerp van de tekst is. Men moet ook langzaam en duidelijk spreken.
6. ☐ Ik kan de belangrijkste zaken van het tv-nieuws begrijpen als ik ook beelden zie.
7. ☐ Ik kan de betekenis van onbekende woorden raden, als ik ongeveer weet waar de tekst over gaat.

Als je 5 van de 7 dingen kunt, heb je niveau A2 voor luisteren.

A2 Lezen

1. ☐ Ik kan korte eenvoudige teksten begrijpen, als er veel frequente en internationale woorden in staan.
2. ☐ Ik kan eenvoudige teksten over bekende onderwerpen begrijpen.
3. ☐ Ik kan korte eenvoudige persoonlijke brieven begrijpen.
4. ☐ Ik kan eenvoudige standaardbrieven, faxen en e-mails over bekende onderwerpen begrijpen.

5 ☐ Ik kan borden op straat, in restaurants, op stations, en dergelijke begrijpen.
6 ☐ Ik kan specifieke informatie opzoeken in lijsten en telefoonboeken.
7 ☐ Ik kan de belangrijkste informatie opzoeken in advertenties, menu's, brochures, en dergelijke als ik vooraf weet waar het over gaat.
8 ☐ Ik kan specifieke informatie vinden in brieven, brochures, krantenartikelen waarin men vertelt wat er gebeurd is.
9 ☐ Ik kan instructies (bijvoorbeeld in een lift) begrijpen in eenvoudig Nederlands.
10 ☐ Ik kan de betekenis van onbekende woorden raden, als ik weet waar de tekst over gaat.

Als je 8 van de 10 dingen kunt, heb je niveau A2 voor lezen.

A2 Schrijven

1 ☐ Ik kan eenvoudige persoonlijke briefjes schrijven om te bedanken en mij te excuseren.
2 ☐ Ik kan een korte (bijvoorbeeld telefonische) mededeling van iemand anders opschrijven. Ik moet soms wel om herhaling vragen.
3 ☐ Ik kan een korte eenvoudige memo schrijven over belangrijke zaken.
4 ☐ Ik kan een paar eenvoudige zinnen schrijven over: mijn gezin, mijn woning, mijn school / studie / werk.
5 ☐ Ik kan een korte eenvoudige tekst over een persoon of een gedicht over een persoon schrijven.
6 ☐ Ik kan kort beschrijven wat er gebeurd is, wat ik heb gedaan, wat ik heb meegemaakt.
7 ☐ Ik kan een kort verhaal schrijven over dagelijkse dingen.

Als je 5 van de 7 dingen kunt, heb je niveau A2 voor schrijven.

A2 Spreken

1 ☐ Ik kan een gesprek beginnen, blijven praten en stoppen met een gesprek.
2 ☐ Ik kan zeggen wat ik lekker, mooi, leuk en fijn vind en wat niet.
3 ☐ Ik kan iemand uitnodigen en een uitnodiging (niet) accepteren.
4 ☐ Ik kan iemand op een beleefde manier begroeten of aanspreken.
5 ☐ Ik kan zeggen hoe ik me voel.

1 Checklist Niveau A2

6 ☐ Ik kan sociale contacten onderhouden: begroeten, afscheid nemen en bedanken.
7 ☐ Ik kan meedoen aan gesprekken over dagelijkse situaties.
8 ☐ Ik kan met anderen bespreken wat we gaan doen, waar we heen gaan en afspraken maken waar we elkaar zien.
9 ☐ Ik kan zeggen dat ik het ergens (niet) mee eens ben.
10 ☐ Ik kan mijn mening geven over praktische zaken. Soms moet iemand mij helpen met het formuleren.
11 ☐ Ik kan in een discussie om aandacht vragen.
12 ☐ Ik kan iets kopen of bestellen. Ik kan naar de prijs vragen.
13 ☐ Ik kan vragen stellen en vertellen over: vrije tijd, dingen die ik vroeger gedaan heb.
14 ☐ Ik kan – met een plattegrond – aanwijzingen geven of vragen.
15 ☐ Ik kan – met gebaren – duidelijk maken wat ik wil als ik het juiste woord niet kan vinden.

Als je 12 van de 15 dingen kunt, heb je niveau A2 voor spreken.

Bijlage 2
Grammaticaoverzicht

Hoofdstuk 1

◆ **Personaal pronomen + verbum (werkwoord)**

  ◆ **Regelmatige werkwoorden**
    De stam van een werkwoord is de infinitief –en:
    infinitief = luisteren
    stam = luister

singularis		**luisteren**	**komen**
1 ik	de stam	luister	kom
2 jij* / je	stam + t	luistert	komt
u	stam + t	luistert	komt
3 hij	stam + t	luistert	komt
zij* / ze	stam + t	luistert	komt
het	stam + t	luistert	komt

pluralis			
1 wij* / we	infinitief	luisteren	komen
2 jullie	infinitief	luisteren	komen
u	stam + t	luistert	komt
3 zij* / ze	infinitief	luisteren	komen

Eindigt de stam op een -t dan krijgt het werkwoord geen extra -t.

  ◆ **Onregelmatige werkwoorden**

singularis	**zijn**	**hebben**
1 ik	ben	heb
2 jij* / je	bent	hebt
u	bent	hebt / heeft**
3 hij	is	heeft
zij* / ze	is	heeft
het	is	heeft

pluralis

1	wij* / we	zijn	hebben
2	jullie	zijn	hebben
	u	bent	hebt
3	zij* / ze	zijn	hebben

* jij, zij (singularis en pluralis) en wij, zijn de vormen van het personaal pronomen met accent. Deze vormen gebruik je om de nadruk te leggen op het personaal pronomen. Bijvoorbeeld: *Ik kom uit Nederland, jij komt uit Duitsland.*
In dit voorbeeld is er contrast tussen ik en jij.

** Beide vormen zijn in alle situaties goed.

Hoofdstuk 2

◆ Hoofdzin

subject	persoonsvorm	rest (tijd + plaats)	
Ik	kom	uit Duitsland.	
Ik	woon	nu	in Nederland.
Mijn ouders	zijn	op dit moment	in Indonesië.

◆ Ja-neevragen

persoonsvorm	subject	rest
Komt	je broer	ook op bezoek?
Woon*	je	in Groningen?
Bent	u	mevrouw Witman?

* Komt jij / je na de persoonsvorm, dan krijgt de persoonsvorm geen -t.
Kom jij uit Duitsland? Woon je één dag in Groningen?
Dit geldt niet voor u, hij, zij / ze (singularis)
Woont u in Duitsland? Komt hij uit Hamburg? Heeft ze Nederlandse les?

Bijlagen

◆ **Vraagwoordvragen**

vraagwoord	persoonsvorm	subject	rest
Wie	is	jouw zus?	
Hoe	heet	je zus?	
Wat	is	zijn adres?	
Waar	werken	je ouders?	
Welk boek	hebben	jullie	in de Nederlandse les?
Wanneer	is	het	daar zomer?

◆ **Possessief pronomen**

Bezit kun je op de volgende manieren aangeven:
- **van** — Het boek is van Angela.
- **'s** — Het is Angela's boek.
- **een possessief pronomen** — Het is haar boek.

subject	possessief pronomen
ik	mijn broer
jij / je	jouw* / je ouders
u	uw adres
hij	zijn werk
zij / ze	haar foto
wij / we	onze les ons adres**
jullie	jullie docent
zij / ze	hun familie

* **Jouw** is de accentvorm van het possessief pronomen. Deze vorm gebruik je om nadruk te leggen. Bijvoorbeeld: *Mijn broer komt ook. Jouw broer komt niet.* In dit voorbeeld is er contrast tussen **mijn broer** en **jouw broer**.

** **Onze** gebruik je bij een **de**-woord. **Ons** gebruik je bij een **het**-woord.

Hoofdstuk 3

◆ **Lidwoord**

	definiet	indefiniet
de-woord	de cursus	een cursus
het-woord	het café	een café
diminutief	het rondje	een rondje
pluralis	de cursussen de cafés de rondjes	cursussen cafés rondjes

Woorden in pluralis zijn altijd de-woorden. Diminutieven in singularis zijn altijd het-woorden.

De-woorden zijn mannelijk of vrouwelijk. Nederlanders voelen niet (meer) aan of een woord mannelijk of vrouwelijk is. Het-woorden zijn onzijdig.
Vaak zijn (verwante) de-woorden in het Duits der of die en het-woorden das. Maar niet altijd! In dit boek zijn de uitzonderingen vet gemarkeerd.

◆ **Diminutieven**

In het Nederlands komen diminutieven veel voor. Meestal maak je een diminutief met -je. Voorbeelden van andere suffixen zijn -pje en -tje: *dagje, filmpje, broertje*.

◆ **Hoofdzin met inversie**

ander element	*persoonsvorm*	*subject*	*rest*
Zondag	is	Jenny	jarig.
Dat	weet	ik	niet.
Om 11.00 uur	hebben	we	pauze.

Bijlagen

Hoofdstuk 4

◆ **Zullen (1) – voorstel**

Een voorstel is altijd een vraag en het subject is ik of wij: *Zal ik eten maken? Zullen we naar café De Zomer gaan?*

Hoofdstuk 5

◆ **Adjectief**

	de-woord	het-woord
definiet (de of het)	de kleine courgette de prettige vakantie	het kleine bosje het goede idee
indefiniet (met of zonder het lidwoord een)	een kleine courgette (een) prettige vakantie	een klein bosje (een) goed idee
pluralis	de kleine courgettes kleine courgettes de prettige vakanties prettige vakanties	de kleine bosjes kleine bosjes de goede ideeën goede ideeën
	De courgette is klein. De andijvie is heerlijk.	Het bosje is klein. Het gerecht is heerlijk.

◆ **De-woorden**

Wanneer het adjectief voor een de-woord staat, krijgt het adjectief altijd een -e: *de kleine courgette, een kleine courgette.*

◆ **Het-woorden**

Bij het-woorden krijgt het adjectief een -e, behalve als er een, geen of geen lidwoord voor het substantief staat: *het kleine bosje peterselie, een klein bosje peterselie, geen klein bosje peterselie, vers fruit.*

Wanneer het adjectief achter het substantief staat, krijgt het adjectief geen -e: *De koffie is lekker. Het eten is vet.*

Let op: **Veel** krijgt meestal geen -e: *Ik heb veel boeken.*

♦ **Pluralis**

Pluralis maak je met -s, -en of 's.

-s:
- het substantief krijgt een -s wanneer het bestaat uit twee of meer syllabes en eindigt op -el, -em, -en, -er, -je (*aardappels, modems, jongens, buitenlanders, pilsjes*).
- buitenlandse woorden krijgen meestal een -s (*champignons, films*).

-en:
- het substantief krijgt -en wanneer het uit één syllabe bestaat (*peer, kool*) maar buitenlandse woorden krijgen meestal -s (*films*).
- in andere situaties dan bij -s beschreven.

's:
- het substantief krijgt 's wanneer het eindigt op -a, -i, -o, -u, -y (*paprika's, taxi's, auto's, menu's, baby's*).

Onregelmatige vormen: *stad – steden, kind – kinderen, ei – eieren*

Hoofdstuk 6

♦ **Modale werkwoorden**

	mogen	willen	moeten	kunnen	zullen
ik	mag	wil	moet	kan	zal
jij / je	mag	wil / wilt	moet	kan / kunt	zal / zult
u	mag	wil / wilt	moet	kan / kunt	zal / zult
hij zij / ze het	mag	wil	moet	kan	zal
wij / we	mogen	willen	moeten	kunnen	zullen
jullie	mogen	willen	moeten	kunnen	zullen
zij / ze	mogen	willen	moeten	kunnen	zullen

Bijlagen

Vaak komt er een infinitief na een modaal werkwoord. Die infinitief staat meestal aan het einde van de zin. *Mag ik jouw soep ook even proeven? We moeten oefening 3 ook maken.*

Als het heel logisch is wat de infinitief is, zeg je de infinitief niet: *Ik wil graag koffie. Ik moet naar de les.*

Hoofdstuk 7

◆ **Comparatief + superlatief**

Regelmatige vormen

Basisvorm	Comparatief	Superlatief	
klein	klein**er** (dan)	het klein**st**	even klein als
groot	groot**er** (dan)	het groot**st**	even groot als
duur	duur**der** (dan)	het duur**st**	even duur als

◆ **Comparatief**
Bij een comparatief komt achter het adjectief -**er**: *Mijn broer is ouder.*
Is de laatste letter van het adjectief een -**r**, dan krijgt de comparatief -**der**: *Deze broek is duurder.*

Bij een comperatief gebruik je **dan**. Zijn zaken / personen gelijk dan gebruik je **even ... als** of **net zo ... als**: *Mijn moeder is kleiner dan ik. Jouw kamer is even groot als mijn kamer. Ik ben net zo groot als jij.*

◆ **Superlatief**
Bij een superlatief komt achter het adjectief -**st**. Voor het adjectief komt **het**: *Ik ben het jongst in de groep. Dit T-shirt is het mooist.*

Onregelmatige vormen

basisvorm	comparatief	superlatief	
goed	beter (dan)	het best	even goed als
veel	meer (dan)	het meest	even veel als
weinig	minder (dan)	het minst	even weinig als
graag	liever (dan)	het liefst	even graag als

Een comparatief of superlatief kan ook voor een substantief staan: *Maria vindt geel een mooiere kleur dan rood. Ilja is de oudste man in de groep.*

De comparatief of superlatief komt na het werkwoord: *Ik eet het liefst spaghetti.* Dat is niet zo bij het werkwoord vinden: *Peter vindt biefstuk met frietjes het lekkerst.*

◆ **Objectvorm van het personaal pronomen**

subject	object
ik	mij / me
jij / je	jou / je
u	u
hij	hem
de-woord (singularis)	hem
zij / ze	haar
het	het
het-woord (singularis)	het
wij / we	ons
jullie	jullie
zij / ze	hen / ze
de / het-woord (pluralis)	ze

Mij en jou zijn de vormen met accent: *Hij heeft jou en mij in Utrecht gezien.*

Om te verwijzen naar een de-woord gebruik je hij en hem. Bij een het-woord gebruik je het.
Ik heb een mooie broek voor je. Je kunt hem even passen. Hij staat je mooi.
Waar is mijn boek? Ik zie het niet. Het ligt niet op tafel.

◆ **Demonstratief pronomen**

		hier	daar
singularis	de broek	deze broek	die broek
	het shirt	dit shirt	dat shirt
pluralis	de broeken	deze broeken	die broeken
	de shirts	deze shirts	die shirts

Bijlagen

Een trucje om dit te onthouden: de laatste letters zijn steeds hetzelfde. Bij de-woorden gebruik je de demonstratieve pronomina die net als de op een -e eindigen: deze, die. Bij het-woorden gebruik je de demonstratieve pronomina die eindigen op een -t: dit, dat.

Hoofdstuk 8

◆ **Negatie**

Negatieve zinnen maak je met geen en niet.
Gebruik geen voor indefiniete woorden. Gebruik niet in andere situaties.
Silke heeft geen grote kamer. De kamer is niet zonnig.

◆ **Moeten / hoeven**

Gebruik hoeven als je negatief wilt reageren op een vraag met moeten. Hoeven betekent dat iets niet noodzakelijk is. Na hoeven krijg je te + infinitief.
Moeten we oefening 3 maken?   Nee, jullie hoeven oefening 3 niet te maken.
Moet ik je bellen?   Nee, je hoeft me niet te bellen.

Gebruik moeten + niet / geen als iets niet goed is om te doen.
Moet ik u bellen?   Nee, u moet mij niet bellen. Wij bellen u!

Hoofdstuk 9

◆ **Perfectum**

Perfectum: hebben / zijn + participium van een werkwoord

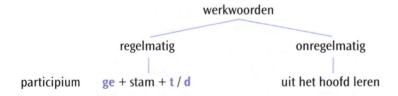

2 Grammaticaoverzicht

1 Wanneer krijgt het participium, een -t en wanneer een -d?
  Luister naar de laatste letter van de stam. Hoe klinkt de laatste letter:
  • s, f, t, k, ch, p (soft ketchup)? Dan schrijf je ge- + stam + -t
    infinitief: werken   stam: werk   participium: gewerkt
  • een andere klank dan s, f, t, k, ch, p? Dan schrijf je ge- + stam + -d
  infinitief: spelen   stam: speel   participium: gespeeld

2 Begint het werkwoord met ge-, be-, her-, ver-, ont-? Dan vervalt ge-.

   gebruiken   participium: gebruikt
   betalen   participium: betaald
   herhalen   participium: herhaald
   vertellen   participium: verteld
   onthouden   participium: onthouden

3 Eindigt het werkwoord op -eren? Dan krijgt het participium in het Nederlands wel ge-.
   proberen   *Ik heb van alles geprobeerd maar niets heeft geholpen.*
   controleren   *Ik heb alles gecontroleerd.*

4 Wanneer gebruik je zijn? Wanneer gebruik je hebben?

   • **zijn**
     Richting   Ik ben naar huis gefietst.

     Verandering van situatie   We zijn om 9.00 uur begonnen.
                                 Ze is met de cursus gestopt.
                                 Ben je gisteren 21 geworden?
                                 Wat is er gebeurd?

     Werkwoorden   **zijn**   Ik ben naar de voetbalvereniging geweest.
                      blijven Hij is tot 22.00 uur gebleven.

   • **hebben**   We hebben gefietst.
                                 Hij heeft zijn moeder gebeld.

Bijlagen

Hoofdstuk 10

♦ **Imperfectum**

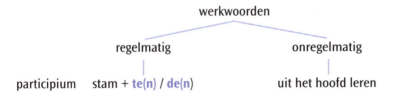

1 Het imperfectum van regelmatige werkwoorden eindigt op -te(n) of -de(n).
Wanneer krijg je -te(n) en wanneer -de(n)?
Luister naar de laatste letter van de stam. Hoe klinkt de laatste letter:

- s, f, t, k, ch, p (soft ketchup)?? Dan schrijf je stam + -te(n).
  infinitief: werken   stam: werk   imperfectum: werkte(n)

- een andere klank dan s, f, t, k, ch, p? Dan schrijf je stam + de(n).
  infinitief: spelen   stam: speel   imperfectum: speelde(n)

2 Wanneer gebruik je -te / -de en wanneer -ten / -den?

ik	werkte	woonde
jij / je, u	werkte	woonde
hij, zij / ze, het	werkte	woonde
wij / we	werkten	woonden
jullie	werkten	woonden
zij / ze	werkten	woonden

Dus: -te en -de gebruik je bij singularis
      -ten en -den gebruik je bij pluralis

♦ **Perfectum en imperfectum**

Het perfectum gebruik je voor zaken die afgesloten zijn:
Wat heb je zaterdag gedaan?
Ik heb lang geslapen. We zijn naar de markt geweest. We hebben in een restaurant gegeten en daarna zijn we naar de film gegaan.

Het imperfectum gebruik je voor beschrijvingen:
Waar ging de film over?
Het was een prachtige film. Het ging over een vrouw. Zij vond de buurman heel leuk. Die buurman had al een vriendin, maar hij vond haar eigenlijk ook wel heel leuk. Het was heel romantisch en de film had gelukkig een happy end.

Hoofdstuk 11

◆ **Reflexieve werkwoorden**

subject	reflexief pronomen
ik	me
jij / je	je
u	u (zich)*
hij, zij / ze	zich
wij / we	ons
jullie	je
zij / ze	zich

* **U** wordt vaker gebruikt dan **zich**. Als subject en reflexief pronomen naast elkaar staan, gebruik je **zich**: *Vergist u zich niet?*

Elkaar: *We kennen elkaar ruim twee jaar. Zullen we elkaar op de Grote Markt ontmoeten?*

Hoofdstuk 12

◆ **Scheidbare werkwoorden**

In het presens en imperfectum komt het eerste deel van het werkwoord op de laatste plaats in de zin. Bijvoorbeeld: **afrekenen** – *We rekenen het eten af. We rekenden het eten af.*

In het perfectum komt **-ge** tussen de twee delen van het participium: *We hebben het eten afgerekend.*

Bijlagen

♦ **Imperatief**

Een imperatief kun je op twee manieren maken:

1 de gewone vorm (tegen een individu en tegen een groep): de stam
 Ga rechtdoor. Doe maar een kilo tomaten.

2 de beleefde vorm: stam + **-t** en **u**
 Komt u binnen. Loopt u maar verder.

De eerste vorm is de meest gebruikte vorm. Maar en maar even maken een imperatief vriendelijk: *Loop maar verder. Gaat u maar even zitten.*

Hoofdstuk 13

♦ **Zullen (2) – belofte**

Als zullen de functie van een belofte heeft, is het subject ik of we / wij:
Ik zal vanavond eten maken. We zullen je helpen.

Hoofdstuk 14

♦ **Zullen (3) – waarschijnlijkheid**

Bij deze vorm van zullen gebruik je vaak het woordje wel: *De trein zal wel te laat zijn. Het zal morgen wel mooi weer zijn.*

♦ **Futurum**

Je kunt drie vormen gebruiken voor de toekomst:

1 presens + een tijd / periode: je vertelt over een tijd / periode die nog moet komen.
 Ik ben volgend weekend in Düsseldorf. Hans komt volgende week niet.

2 gaan + infinitief: je vertelt over een plan of intentie.
 Eva gaat een jaar in Engeland studeren. We gaan nu even koffie drinken.

3 zullen + infinitief: de actie gebeurt bijna zeker en het is een formele context.

De Koningin zal de wandelbeurs openen. Over enkele ogenblikken zullen we aankomen op station Utrecht.

Let op: 1 en 2 gebruik je vaker dan 3. Als je zullen gebruikt voor een niet-formele toekomst, klinkt het als een belofte.
Ik zal tv kijken. klinkt als: *Ik beloof dat ik tv kijk.*

Hoofdstuk 15

◆ **Demonstratief pronomen – zelfstandig**

de-woord	die
het-woord	dat

Bij personen gebruik je die.
◆ *Waar is Tobias? Die is thuis.*

Dat kan ook verwijzen naar een hele zin.
◆ *Heb je het huiswerk gemaakt? Ja, natuurlijk heb ik dat gedaan.*

Om iets te presenteren gebruik je dit of dat. Het is een antwoord op de vragen: *Wie is / zijn dat?* of *Wat is / zijn dat?* Je kunt hiermee naar personen en naar zaken verwijzen.
Dit is Katharina, mijn zus.
Dit zijn leuke dvd's.
Dat is het boek voor de cursus Nederlands.
Dat zijn mijn docenten Karin en Paul.

Hoofdstuk 16

◆ **Conjuncties**

En, of, maar, want en dus zijn conjuncties die twee hoofdzinnen met elkaar verbinden.
Ik koop koffie en (ik koop) brood.

Ik ga op vakantie naar Engeland of (ik ga op vakantie) naar Frankrijk.
Ik heb niet veel geld maar ik ga dit jaar wel op vakantie.
Ik ga niet mee naar de bioscoop want ik voel me niet lekker.
Ik heb zin in koffie, dus ik ga naar de kantine.

Hoofdstuk 17

♦ **Er**

Je gebruikt er onder andere in de volgende twee situaties:

1 Er + indefiniet subject
   Er staat aan het begin van de zin.
   Er is geen plaats meer, alles is uitverkocht.
   Er zijn veel problemen met de verbinding.

2 Er / daar als plaats
   Daar legt accent op de plaats. Daar kan op de eerste plaats van de zin staan.
   Er (als plaats) kan dat niet.
   Ik ben er morgenochtend niet.
   Daar (in Indonesië) is het 6 uur later.

♦ **zijn + aan het + infinitief**

Met de constructie zijn + aan het + infinitief kun je zeggen wat je op een bepaald moment doet. Je kunt deze constructie gebruiken als iemand bijvoorbeeld vraagt: *Wat doe je? / Wat ben je aan het doen? Ik ben aan het koken. We zijn aan het fietsen.*

Hoofdstuk 18

♦ **Conjuncties**

Als, omdat, zodra, zodat, terwijl, hoewel, nadat, toen en voordat zijn conjuncties die een hoofdzin en bijzin met elkaar verbinden. De structuur van een bijzin is:
… conjunctie – subject – rest – persoonsvorm – andere werkwoorden …

… als je morgen komt …
… omdat de film al is begonnen …
… zodra we in Amsterdam zijn …

De hoofdzin kan voorop staan. De structuur is dan: hoofdzin – conjunctie – bijzin.
Ik doe de cursus Nederlands zodat ik goed op het examen voorbereid ben.
Ik luister naar muziek terwijl ik het huiswerk maak.
Ik ga met je mee naar het concert hoewel ik eigenlijk geen tijd heb.
De bijzin kan ook voorop staan. De structuur is dan: conjunctie – bijzin – hoofdzin met inversie.
Nadat mijn fiets gestolen was, ben ik naar de politie gegaan.
Toen ik 20 werd, heb ik een groot feest gegeven.
Voordat we naar huis gaan, wil ik graag nog iets drinken in dat café.

Let op: Heb je in de bijzin een modaal werkwoord (moeten, kunnen, willen, mogen, zullen) of gaan en een infinitief? Gebruik dan de volgorde: modaal werkwoord + infinitief.
Je kunt me altijd bellen als ik je kan helpen.
Omdat we op de trein moeten wachten, gaan we even een kopje koffie drinken.

Want en omdat betekenen hetzelfde, maar de structuur is anders. Na want krijg je een hoofdzin, na omdat krijg je een bijzin.
Ik doe deze cursus want ik wil graag Nederlands leren.
Ik doe deze cursus omdat ik graag Nederlands wil leren.

◆ **Schema pronomina**

subjectvorm	objectvorm	possessief pronomen	reflexief pronomen
ik	mij / me	mijn	me
jij / je	jou / je	jouw / je	je
u	u	uw	u (zich)
hij	hem	zijn	zich
zij / ze	haar	haar	zich
het	het	zijn	zich
wij / we	ons	ons, onze	ons
jullie	jullie	jullie	je
zij / ze	hen, hun, ze	hun	zich

Bijlage 3
Onregelmatige werkwoorden

De werkwoorden met een ♦ ervoor zijn zeer frequent.

infinitief	imperfectum		perfectum	Duits
bakken	bakte, bakten		gebakken	backen
bederven	bedierf, bedierven	(is)	bedorven	verderben, verpfuschen
♦ beginnen	begon, begonnen	is	begonnen	beginnen, anfangen
♦ begrijpen	begreep, begrepen		begrepen	verstehen
bewegen	bewoog, bewogen		bewogen	bewegen
bidden	bad, baden		gebeden	beten
bieden	bood, boden		geboden	bieten
bijten	beet, beten		gebeten	beißen
binden	bond, bonden		gebonden	binden
blazen	blies, bliezen		geblazen	blasen
blijken	bleek, bleken	is	gebleken	sich zeigen
♦ blijven	bleef, bleven	is	gebleven	bleiben
braden	braadde, braadden		gebraden	braten
breken	brak, braken		gebroken	brechen
♦ brengen	bracht, brachten		gebracht	bringen
buigen	boog, bogen		gebogen	biegen, sich beugen
♦ denken	dacht, dachten		gedacht	denken
♦ doen	deed, deden		gedaan	tun
♦ dragen	droeg, droegen		gedragen	tragen
♦ drinken	dronk, dronken		gedronken	trinken
druipen	droop, dropen	(is)	gedropen	triefen
♦ eten	at, aten		gegeten	essen
fluiten	floot, floten		gefloten	pfeifen, flöten
♦ gaan	ging, gingen	is	gegaan	gehen, fahren
gelden	gold, golden		gegolden	gelten
♦ geven	gaf, gaven		gegeven	geben
gieten	goot, goten		gegoten	gießen
glijden	gleed, gleden	is	gegleden	gleiten, rutschen
graven	groef, groeven		gegraven	graben
grijpen	greep, grepen		gegrepen	greifen
hangen	hing, hingen		gehangen	hängen
♦ hebben	had, hadden		gehad	haben

3 Onregelmatige werkwoorden

◆ helpen	hielp, hielpen	geholpen	helfen
heten	heette, heetten	geheten	heißen
◆ houden	hield, hielden	gehouden	halten
jagen	jaagde, jaagden joeg, joegen	gejaagd	jagen
◆ kiezen	koos, kozen	gekozen	wählen
◆ kijken	keek, keken	gekeken	schauen
klimmen	klom, klommen	(is) geklommen	steigen, klettern
klinken	klonk, klonken	geklonken	klingen
◆ komen	kwam, kwamen	is gekomen	kommen
◆ kopen	kocht, kochten	gekocht	kaufen
◆ krijgen	kreeg, kregen	gekregen	bekommen
krimpen	kromp, krompen	is gekrompen	einlaufen
kruipen	kroop, kropen	(is) gekropen	kriechen
◆ kunnen	kon, konden	gekund	können
◆ lachen	lachte, lachten	gelachen	lachen
◆ laten	liet, lieten	gelaten	lassen
◆ lezen	las, lazen	gelezen	lesen
◆ liggen	lag, lagen	gelegen	liegen
lijden	leed, leden	geleden	leiden
lijken	leek, leken	geleken	scheinen
◆ lopen	liep, liepen	(is) gelopen	gehen, laufen
◆ moeten	moest, moesten	gemoeten	müssen, sollen
◆ mogen	mocht, mochten	gemogen	dürfen
◆ nemen	nam, namen	genomen	nehmen
plegen	placht, plachten	---	pflegen, gewöhnt sein
◆ rijden	reed, reden	(is) gereden	fahren
rijzen	rees, rezen	is gerezen	aufgehen, steigen
roepen	riep, riepen	geroepen	rufen
ruiken	rook, roken	geroken	riechen
scheiden	scheidde, scheidden	gescheiden	trennen, scheiden
schenken	schonk, schonken	geschonken	schenken
scheppen	schiep, schiepen	geschapen	schaffen
scheren	schoor, schoren	geschoren	rasieren
schieten	schoot, schoten	geschoten	schießen
schijnen	scheen, schenen	geschenen	scheinen
◆ schrijven	schreef, schreven	geschreven	schreiben
schrikken	schrok, schrokken	is geschrokken	erschrecken
schuiven	schoof, schoven	geschoven	schieben
◆ slaan	sloeg, sloegen	geslagen	schlagen

	infinitief	imperfectum		perfectum	Duits
♦	slapen	sliep, sliepen		geslapen	schlafen
♦	sluiten	sloot, sloten		gesloten	schließen
	snijden	sneed, sneden		gesneden	schneiden
♦	spreken	sprak, spraken		gesproken	sprechen
♦	staan	stond, stonden		gestaan	stehen
	stelen	stal, stalen		gestolen	stehlen
	sterven	stierf, stierven	is	gestorven	sterben
	stijgen	steeg, stegen	is	gestegen	steigen, wachsen
	treden	trad, traden	is	getreden	treten
♦	trekken	trok, trokken	(is)	getrokken	ziehen
♦	vallen	viel, vielen	is	gevallen	fallen
	vangen	ving, vingen		gevangen	fangen
	varen	voer, voeren	(is)	gevaren	fahren
	verbieden	verbood, verboden		verboden	verbieten, untersagen
	verdwijnen	verdween, verdwenen	is	verdwenen	verschwinden
♦	vergeten	vergat, vergaten	(is)	vergeten	vergessen
	verliezen	verloor, verloren		verloren	verlieren
	vermijden	vermeed, vermeden		vermeden	vermeiden
♦	vinden	vond, vonden		gevonden	finden
	vliegen	vloog, vlogen		gevlogen	fliegen
	vouwen	vouwde, vouwden		gevouwen	falten
♦	vragen	vroeg, vroegen		gevraagd	fragen, bitten
	vriezen	vroor, vroren		gevroren	frieren
	waaien	woei, woeien		gewaaid	wehen
	wassen	waste, wasten		gewassen	waschen
	wegen	woog, wogen		gewogen	wiegen
	werpen	wierp, wierpen		geworpen	werfen
♦	weten	wist, wisten		geweten	wissen
	wijzen	wees, wezen		gewezen	weisen, zeigen
♦	willen	wilde, wilden		gewild	wollen
		wou, wouden (spreektaal)			
	winnen	won, wonnen		gewonnen	gewinnen
♦	worden	werd, werden	is	geworden	werden
♦	zeggen	zei, zeiden		gezegd	sagen
	zenden	zond, zonden		gezonden	senden, schicken
♦	zien	zag, zagen		gezien	sehen
♦	zijn	was, waren	is	geweest	sein
	zingen	zong, zongen		gezongen	singen
	zinken	zonk, zonken	(is)	gezonken	sinken

3 Onregelmatige werkwoorden

- zitten   zat, zaten   gezeten   sitzen
- zoeken   zocht, zochten   gezocht   suchen
- zullen   zou, zouden   ---   werden, sollen
- zwemmen   zwom, zwommen   (is) gezwommen   schwimmen
- zweren   zwoer, zwoeren   gezworen   schwören
- zwijgen   zweeg, zwegen   gezwegen   schweigen

Bijlage 4
Illustratieverantwoording

Pagina

13	http://ppw.kuleuven.be/onderwijs/images/studenten2.jpg
20	http://foto.hinesna.no/album/ny-h_gskole/ann_helen_kantine.jpg
26	http://home.hccnet.nl/r.te.brake/familiefoto_2003_klein.jpg
27	(boven) http://blog.roversbende.nl/uploaded_images/2007.08---Max-Eerste-Maand-012-772069.jpg
	(onder) www.bremmer.dk/Familiefoto.jpg
29	foto van Thijs Yan
35	foto van Margaret van der Kamp
41	www.kraaijeveld.com/media/editor/collage_NIEUW
49	http://lh4.ggpht.com/_G1XhG5pRrOs/Rv4IbWLMB7I/ AAAAAAAAWw/ 0odqlcl4QbY/P9280918.JPG
56	http://lh5.ggpht.com/_YujeQXQz65Q/R_jSt4Sx5DI/ AAAAAAAAFEg/3l9tLuIHsS0/Stockholm_2008_2008-03-29_14-06-01_ IMG_0774.CR2.jpg
64	http://oudestraat23.googlepages.com/gevel.jpg/gevel-full.jpg
73	www.erasmusmc.nl/47478/51016/248254/huisarts
80	http://xframe.files.wordpress.com/2007/07/sweefits1.jpg
88	http://www.julikids.nl/blogger/uploaded_images/DSCN1281-774527.JPG
94	http://www.trippist.com/12092006(004).jpg
100	foto van Berna de Boer
106	foto van Berna de Boer
114	http://lh3.ggpht.com/_bB58YrsWw-s/Rin_K1c2dEI AAAAAAAAWw/ 0u0M0q7UVxw/CIMG4360.JPG
119	(boven) http://photoblog.at.ruudsplace.biz/wp-content/ uploads/2008/07/26072008-onweer5.jpg
	(midden) onbekend
	(onder) onbekend
120	http://lh4.ggpht.com/_x7NyAsJgyjc/RuElrJ32VvI/AAAAAAAABw8 /3XnlAR-Q4Ke0/S6300734.JPG
125	http://lh4.ggpht.com/_HKjm969KznA/SD68xyLua2I/AAAAAAAABoA/ kOngd-DSY73g/DSC00681.JPG
132	http://www.netpresenter.nl/images/stories/pdf/press/images/ Groningen_Police_Plasma_man_hr.JPG

Bijlage 5
Landkaart

Bijlage 6
Register

Het nummer achter het woord verwijst naar het hoofdstuk waar dit woord voor het eerst gebruikt is. Na dit alfabetische register staan nog woorden in thematische groepen.

aan	an 5	andijvie, de	Endivie 5
aangifte doen	Anzeige erstatten 18	antwoord, het	Antwort 17
aanhebben	anhaben 13	apotheek, de	Apotheke 9
aankomen	ankommen 12	appartement, het	Appartement 8
aanpassen	verändern 17	arm, de	Arm 9
aanraakscherm, het	touch screen 14	auto, de	Auto 13
aantal, het	Anzahl 14	automaat, de	Automat 14
aanwezig	anwesend 17	avond, de	Abend 6
aardappel, de	Kartoffel 5	baan, de	Job 11
accent, het	Akzent 11	baas, de	Chef 11
accountant, de	Rechnungsprüfer 11	bad, het	Badewanne 8
achter	hinter 15	badkamer, de	Badezimmer 8
achternaam, de	Nachname 1	bagagedrager, de	Gepäckträger 10
adres, het	Adresse / Anschrift 1	bakje, het	Schale, Packung 5
afbreken	abbrechen 10	balie, de	Schalter, Kasse 12
afgaan	hinuntergehen 12	balkon, het	Balkon 8
afgelopen	vergangen, letzt 9	band, de	Reifen 10
afrekenen	zahlen 3	bank, de	Sofa / Couch 8; Bank 18
afscheid nemen	sich verabschieden 1	bankpas, de	Bankkarte 18
afsnijden	abschneiden 13	bankrekening, de	Bankkonto 18
afspraak, de	Verabredung 4	bed, het	Bett 8
afspreken	verabreden 4	bedanken	danken 3
agenda, de	Kalender 4	bedoelen	meinen 10
ah	ah 13	bedrag, het	Betrag 14
al	schon / bereits 1	bedrijf, het	Betrieb / Firma 11
alfabet, het	Alphabet 1	been, het	Bein 9
al lang	schon lange 2	beetje	bisschen 6
allebei	beide 7	begin, het	Anfang 16
alleen	nur 6	beginnen	beginnen / anfangen 1
allemaal	alle zusammen 1	begrijpen	verstehen 10
allergisch	allergisch 9	begroeten	begrüßen 1
allerlei	viele 7	behalve	außer 17
alles	alles 3	bekend	bekannt 12
als	als 6; wenn 18	bekijken	anschauen 9
alsjeblieft	bitte 5	bel, de	Klingel 10
alstublieft	bitte 3	belachelijk	lächerlich 14
altijd	immer 5	belangrijk	wichtig 4
alvast	inzwischen, schon mal 6	België	Belgien 14
ander	ander 1	bellen	anrufen 8
anders	sonst 5; anders 15	beneden	unten 12

benedenwoning, de	Parterrewohnung 8	bord(je), het	Schild / Ausschilderung 12
beoordelen	beurteilen 6	bos, de	Strauß 13
bepaald	bestimmt 8	bosje, het	Bund 5
bereiken	erreichen 17	boven	oben 12
berg, de	Berg 15	bovenwoning, de	Wohnung im Obergeschoss 8
beschrijven	beschreiben 2		
beslissen	entscheiden 7	brengen	bringen 13
best	am besten 7	brief, de	Brief 17
bestek, het	Besteck 6	bril, de	Brille 2
bestellen	bestellen 3	broek, de	Hose 7
bestemming, de	Ziel 14	broer, de	Bruder 2
betalen	zahlen 3	brood, het	Brot 15
betekenen	heißen, bedeuten 10	broodje, het	Brötchen 15
beter	besser 7	buik, de	Bauch 9
beterschap	gute Besserung 9	buiten	draußen 15
beurs, de	Messe 11	buitenland, het	Ausland 11
beurt, de	Reihe 5	buitenlander, de	Ausländer 5
bevallen	gefällen 11	bult, de	Beule 9
bezig	läuft 16; beschäftigt	bultje, het	Pickel / Quaddel 9
bezoek, het	Besuch 2	bureau, het	Schreibtisch 8
bezoeken	besuchen 13	buren, de	Nachbarn 4
biefstuk, de	Steak 6	bus, de	Bus 12
bier(tje), het	Bier 9	buschauffeur, de	Busfahrer 12
bij	bei 6	buurman, de	Nachbar 1
bijbaan, de	Job / Nebenjob 11	buurt, de	Viertel / Stadtteil 8
bijbaantje, het	Job / Nebenjob 11	buurvrouw, de	Nachbarin 11
bijna	fast / beinahe 16	cadeau, het	Geschenk 11
bijvoorbeeld	zum Beispiel 17	café, het	Café / Kneipe 3
bijzonder	besonders 9	camcorder, de	Camcorder 4
binnen	innerhalb 7; drinnen 14	cappuccino, de	Cappuccino 6
binnenkomen	hereinkommen 13; kommen 14	caissière, de	Kassiererin 16
		cd, de	CD 1
bioscoop, de	Kino 11	cent, de	Cent 5
bladzijde, de	Seite 1	centrum, het	Stadtmitte / Zentrum 8
blauw	blau 7	champignon, de	Champignon 5
blijven	bleiben 4	chauffeur, de	Fahrer 12
bloem, de	Blume 13	Chili	Chile 11
bloemkool, de	Blumenkohl 5	chocola, de	Schokolade 6
blokkeren	sperren 18	cola, de	Cola 3
blond	blond 2	collega, de	Kollege 14
boek, het	Buch 1	Colombia	Kolumbien 15
bon, de	Quittung 7	computer, de	Computer 8
bonbon, de	Praline 13	computer, achter de	am Computer 17
boodschap, een - aannemen	eine Nachricht entgegennehmen 17	congres, het	Kongress 14
		contact, het	Kontakt 18
boodschap, een - doorgeven	eine Nachricht weiterleiten 17	contact opnemen	Kontakt aufnehmen 18
		controleren	kontrollieren 10
boodschappen doen	einkaufen 5	courgette, de	Zucchini 5
boon, de	Bohne 5	Cubaans	kubanisch 11
boontje, het	Bohne 5	cursist, de	Kursteilnehmer 1

cursus, de	Kurs 1	dus	also 2
daar	dort 2	echt	echt / richtig 14
daarna	danach 9	eens	mal 2
daarom	darum 3	eenvoudig	einfach 8
dader, de	Täter 18	eerder	früher 16
dag	Tag 1; tschüs 1	eergisteren	vorgestern 2
dag, de	Tag 2	eerlijk	ehrlich 18
dagdeel, het	halber Tag 9	eerst	erst 11
deel, het	Teil 9	eerste klas	erste Klasse 14
dagschotel, de	Tagesgericht 6	eet smakelijk	guten Appetit 6
dan	dann 4; als 7	eh	äh 6
dank je / u wel	vielen Dank 3, 6	eigen	eigen 11
dat	das 2; dass 11	eigenlijk	eigentlich 2
datum, de	Datum 14	eind(e), het	Ende 10, 12
de	der, die 3	elkaar	euch, einander 3
denken	nachdenken 9; denken / glauben 18	elk	jede 9
		emmer, de	Eimer 9
deze	dies, dieser, diese, dieses 2, 7	en	und 1
		Engeland	England 1
dicht	bij nahe / in der Nähe 8	Engels	englisch 1
die	die / jene 7	Engelse	Engländerin 1
dienst, van - zijn	helfen / dienen 17	Engelsman	Engländer 1
dier, het	Tier 13	enkele reis	einfache Fahrt 14
ding, het	Ding 10	er	da / denn 5
direct	sofort / gleich 4	erbij	dabei 5
dit	dieses, dies 7	erg	sehr 6
dit is	das ist 3	ergens	irgendwo 7
docent, de	Lehrer / Dozent 1	eruitzien	aussehen 18
dochter, de	Tochter 2	ervandoor	weg 4
documentaire, de	Dokumentation / Dokumentarfilm 16	eten	essen 4
		euro, de	Euro 5
doeg	tschüs 1	even	eben / kurz 1
doen	machen / tun 2; unternehmen 4; funktionieren 10	eventueel	eventuell 7
		familie, de	Familie / Verwandtschaft 2
dokter , de	Doktor / Arzt 9	fantastisch	gut (fantastisch) 4
donker	dunkel 2	feest, het	Fest / Feier 10
dood, de	Tod 13	feestdag, de	Feiertag 10
doorverbinden	verbinden 17	feliciteren met	gratulieren zu 11
doos, de	Schachtel 13	fiets, de	Fahrrad 10
dorst, de	Durst 6	fietsen	Rad fahren 10
douche, de	Dusche 8	fietsenmaker, de	Zweiradmechaniker / Fahrradhändler 10
draaien	laufen 16		
dragen	tragen 15	fijn	schön 4; fein, zart 5
drinken	trinken 3	file, de	Stau 13
druk	viel zu tun 11	film, de	Film 4
duidelijk	deutlich / klar 10	fooi, de	Trinkgeld 6
Duits	deutsch 1	formulier, het	Formular 8
Duitsland	Deutschland 1	foto, de	Foto 2
duren	dauern 15	fotograaf, de	Fotograf 4
duur	teuer 5	Frankrijk	Frankreich 14

Frans	französisch 3	glad	glatt 10
frietjes, de	Pommes frites 6	glas, het	Glas 3
fruit, het	Früchte, Obst 5	goed	gut 3
gaan zitten	sich (hin)setzen 6	goedemiddag	guten Tag, tschüs 1
gaan	fahren 4; gehen 15	goedemorgen	guten Morgen, tschüs 1
gang, de	Gang 6; Flur / Korridor 8	goedenavond	guten Abend, tschüs 1
		goedendag	guten Tag, einen schönen Tag noch 1
garage, de	Garage 8; Werkstatt 13		
gauw	schnell 4	goedkoop	preiswert 5
gebeuren	passieren 10	goh	oh 2
gebied, het	Gebiet 15	graag	gern 3
gebruiken	benutzen 8	graag willen	gern wollen / möchten 3
geen	kein 6	grap, de	Scherz / Witz 15
gefeliciteerd	herzlichen Glückwunsch 3	grapje, het	kleiner Scherz / Witz 15
		groen	grün 7
gegeven, het	Angabe / Daten (gegevens) 17	groente, de	Gemüse 5
		groenteboer, de	Gemüsehändler 5
gek zijn op	ganz toll finden 11	groeten, de	Grüße 13
geld, het	Geld 18	groeten, de - doen aan	Grüße bestellen 4
geldig	gültig 14		
geleden	her 4	groot	groß 7
geloven	glauben 13	haar, het	Haar 2
geluk hebben	Glück haben 12	haar	ihr 2; sie 7
gelukkig	ein Glück, zum Glück 13	hal, de	Halle 12
gemakkelijk	einfach 12	halen	holen 6
gemeubileerd	möbliert 8	half	halb 2, 5
genoeg	genug 5	hallo	hallo 1
gerecht, het	Gericht 5	handig	praktisch 14
geschikt	geeignet 8	harte, van - gefeliciteerd	herzlichen Glückwunsch 11
gesloten	geschlossen 10		
geval, het	Fall 17	hartstikke	sehr 4
geval zijn, het	der Fall sein 17	hartstikke leuk	super 4
geval, in ieder -	jedenfalls 18	hé	hey 4
geven	geben 3	hè?	was? / nicht wahr? 13
geweldig	großartig / klasse 15	hebben	haben 1
gewend	gewohnt 15	heel	ganz 2
gewoon	einfach / nur 11	heer, de	Herr 9
gezellig	schön / gemütlich 13	heerlijk	lecker 5; köstlich 6
gezicht, het	Gesicht 9	helaas	leider 15
gezin, het	Familie (Eltern + Kinder) 2	helemaal	ganz (und gar) 10
		helpdesk, de	Hotline / Helpdesk 17
gezond	gesund 13	helpen	helfen / bedienen 7
gezondheid, de	Gesundheit 13	hem	ihn, ihm 7
gisteravond	gestern Abend 9	hen	ihnen, sie 7
gisteren	gestern 2	herfst, de	Herbst 2
gistermiddag	gestern Mittag / Nachmittag 9	herhalen	wiederholen 10
		herinneren, zich	sich erinnern 11
gistermorgen	gestern Morgen / Vormittag 9	herkennen	erkennen 12
		herkomst, de	Herkunft 1
gisterochtend	gestern Morgen / Vormittag 9	het	es 1, 7
		het gaat wel	es geht so 4, 6

het is druk	es ist viel Betrieb 14	installeren	installieren 17
het spijt me	es tut mir leid 7	instappen	einsteigen 12
heten	heißen 1	instelling, de	Einstellung 17
hetzelfde	das gleiche 3; dasselbe 17	interessant	interessant 11
		interesseren, zich	sich interessieren 11
hier	hier 1	internationaal	international 14
hij	er 1	internet, het	Internet 14
hitte, de	Hitze 16	internetten	im Internet surfen 17
hm	hm 3	intikken	eingeben 17
hobby, de	Hobby 11	intoetsen	eintippen 17
hoe	wie 1	intypen	eingeben 17
hoek, de	Ecke 12	ja	ja 1
hoera	hurra 11	ja hoor	ja / ja klar 2
hoeveel	wie viel 5	jaar / 20 jaar, het	Jahr / 20 Jahre 1
hoeven	brauchen 8	jammer	schade 11
hoewel	obwohl 18	jarig zijn	Geburtstag haben 2
hoezo	wieso 18	jas, de	Mantel, Jacke 13
hoi	hallo 1	jawel	doch / schon 13
hond, de	Hund 13	je	du, dein 1; dir, dich 7; euch 11
honger, de	Hunger 6		
hoofdgerecht, het	Hauptgericht 6	jeuk, de	Juckreiz 9
hoofdpijn, de	Kopfschmerz(en) 9	jeuken	jucken 9
hoor	ja / okay / ja klar 1	jij	du 1
hopen	hoffen 11	jong	jung 2
horen	hören 11	jongen, de	Junge / junge Mann 7
houden van	mögen 6	jongen (pluralis)	Junge 13
huid, de	Haut 9	jou	dir 4; dich 7
huis, het	Haus / Wohnung 8	jouw	dein 1
huisarts, de	Hausarzt / Allgemein- mediziner 9	juist	gerade 17
		jullie	ihr 1; euer 1, 4, 11; euch 7
hun	ihr 2		
huren	mieten 8	kaartje, het	Fahrkarte 14; Eintrittskarte 16
huur, te -	zu vermieten 8		
huurprijs, de	Mietpreis / Miete 8	kaartjesautomaat, de	Fahrkartenautomat 14
idee, het	Idee 3	kaas, de	Käse 15
identiteitskaart, de	Personalausweis 18	kamer, de	Zimmer 8
ieder	jeder, jede, jedes 11	kans, de	Chance 18
iedereen	jeder 1	kantine, de	Kantine 2
iemand	jemand 6	kantoor, het	Büro 11
iets	etwas 4	kapot	kaputt 9
ijs, het	Eis 6	kast, de	Schrank 8
ik	ich 1	kat, de	Katze 13
in	in, im 1	keel, de	Hals 9
inderdaad	tatsächlich / allerdings 10	keer, een	einmal / eine Runde 3
		kennen	kennen 3
Indonesië	Indonesien 2	kennismaken	Bekanntschaft machen / kennenlernen 1
informatie, de	Information 11		
ingang, de	Eingang 12	kerk, de	Kirche 13
ingewikkeld	kompliziert 14	keuken, de	Küche 8
inloggen	einloggen 17	kiezen	wählen / aussuchen 6
inlognaam, de	Benutzername 17		

kijken	schauen / gucken / sehen 2	lekker	lecker 2; schön 5, 13, 15
kijken naar	anschauen 4	lente, de	Frühling 2
kilo, de	Kilogramm 5	lepel, de	Löffel 6
kilometer, de	Kilometer 13	leren	lernen 14
kip, de	Huhn 6	lesgeven	unterrichten / Unterricht geben 1
klaar	fertig 10	les, de	Unterricht 1
klacht, de	Beschwerde 9	leuk	schön 2
klant, de	Kunde 9	leven	leben 11
kleding, de	Kleidung 7	lezen	lesen 14
kledingzaak, de	Bekleidungsgeschäft 7	lichaam, het	Körper 9
klein	klein 5	lichaamsdeel, het	Körperteil 9
kleren, de	Kleidung 7	licht	hell 7
kleur, de	Farbe 7	liefst	am liebsten 7
klikken	klicken 17	liever	lieber 7
klok, de	Uhr 2	liggen	liegen 7
klopt, dat -	das stimmt 11	lijken op	aussehen wie 9
knoflook, de	Knoblauch 5	lijken	scheinen 10
koffer, de	Koffer 15	lijn, de	Linie 12
koffie, de	Kaffee 2	linkerkant	linke Seite 12
komen	kommen 1	links	links 12
komkommer, de	Salatgurke 5	linksaf	nach links 12
koorts, de	Fieber 9	logeren	wohnen / übernachten 15
kopen	kaufen 5, 7		
kop, de	Tasse 2	logisch	logisch 10
kopje, het	Tasse 2	logopedie, de	Logopädie 11
kort	kurz 2	loket, het	Schalter 14
korting, de	Ermäßigung 14	lopen	zu Fuß gehen 12
kosten	kosten 5	lucht, de	Luft / Himmel 15
koud	kalt 13	luisteren	anhören 1
krabben	kratzen 9	lukken	klappen 4
krant, de	Zeitung 14	Luxemburg	Luxemburg 14
krijgen	kriegen, bekommen 2	maand, de	Monat 2
kunnen	können 4	maar	einfach 1; aber 2; nur 3
kwart	Viertel 2		
kwartier, het	Viertelstunde 2	maar even	ruhig 7
kwijt zijn	verloren haben 17	maat, de	Größe 7
laag	tief 7	makelaar, de	Makler 8
laat	spät 2	maken	machen 4
laatste	letzte 13	makkelijk	einfach 12
lachen	lachen 13	man, de	Mann 14
land, het	Land 1	manier, deze	so / diese(r) Art und Weise 17
landschap, het	Landschaft 15		
lang	groß 2; lang 2	mankeren	fehlen 10
langskomen	vorbeikommen 17	markt, de	Markt 5
langzaam	langsam 10	marktkoopman, de	Markthändler 6
last hebben van	leiden an 9	maximaal	Höchst- 8
laten	lassen 6	me	mir, mich 7, 11
laten zien	zeigen 8	medewerker, de	Mitarbeiter 14
leer, het	Leder 18	meegeven	mitgeben 9
leggen	legen 18	meekomen	mitkommen 13

meenemen	mitbringen 12	na	nach 4
meer	mehr 2	naam, de	Name 1
meest	am meisten 7	naar	nach 1; zu / in 2
meestal	meistens 14	naast	neben 11
meisje, het	Mädchen / junge Frau 7	nagerecht, het	Nachspeise / Nachtisch 6
meneer, de	Herr 9	najaar, het	Herbst 2
mening, de	Meinung 13	namelijk	nämlich 18
mens, de	Mensch 2	nat	nass 13
menukaart, de	Speisekarte 6	nationaliteit, de	Nationalität / Staatsangehörigkeit 1
merk, het	Marke 7		
mes, het	Messer 6	natuur, de	Natur 15
met	mit 1	natuur- documentaire, de	Naturdokumentation 16
meter, de	Meter 8		
mevrouw, de	Frau 1	natuurgebied, het	Naturgebiet 15
mezelf	mich (selbst) 8	natuurlijk	natürlich 5
mij	mich 6; mir 7	Nederland	die Niederlande 1
mijn	mein 1	Nederlander	Niederländer 1
minder	weniger 7	Nederlands	niederländisch 1
mineraalwater, het	Mineralwasser 6	Nederlands	Niederländisch 1
minst	am wenigsten 7	Nederlandse	Niederländerin 1
minuut, de	Minute 2	nee	nein 2
misschien	vielleicht 6	negatief	negativ 4
missen	verfehlen 13; verpassen 16	nemen	nehmen 3
		nergens	nirgends / nirgendwo 18
mobiele telefoon, de	Mobiltelefon 17	net	gerade 12; wie 15
mobieltje, het	Handy 17	net als	genau so wie 15
model, het	Modell 7	niemand	niemand / keiner 18
moe	müde 15	niet	nicht 2
moeder	Mutter 2	niet echt	nicht wirklich 11
moeilijk	schwierig 6	niets	nichts 8
moeten	müssen 2	niet zo	nicht besonders 4
mogelijk	möglich 17	nieuw	neu 8
mogelijkheid, de	Möglichkeit 8	nieuws, het	Nachrichten / Meldungen 14
mogen	dürfen 3		
molen, de	Mühle 15	nodig hebben	brauchen 5
moment, het	Moment / Augenblick 6	nog	noch 2
moment, op dit -	im Moment / zurzeit / im Augenblick 2	nooit	nie 11
		normaal	normalerweise 7
monteur, de	Techniker 17	noteren	notieren 17
mooi	schön 5	nou	nun 3
morgen	morgen 2	NS (Nederlandse Spoorwegen), de	Niederländische Eisenbahn 14
morgenavond	morgen Abend 9		
morgenmiddag	morgen Mittag / Nachmittag 9	nu	jetzt 1
		nummer, het	Nummer 1
morgennacht	morgen Nacht 9	ober, de	Kellner 3
morgenochtend	morgen früh 9	oefenen	üben 14
mosselen, de	Muscheln 6	oei	oh je 18
mosterd, de	Senf 6	of	oder 2
mosterdsoep, de	Senfsuppe 6	ogenblik, het	Augenblick / Moment 17
muntgeld, het	Münzgeld 14	o ja	ach ja 9
muziek, de	Musik 11	oh nee	ach nein 6

oké	okay 1	passen	anprobieren 7
om	um 7	patiënt, de	Patient 9
omdat	weil / da 18	pauze, de	Pause 1
onder	unter 9	pen, de	Kuli 11
ondertitel, de	Untertitel / OmU 16	persoon, de	Person 5
ondertitelen	untertiteln / OmU 16	petersilie, de	Petersilie 5
onderweg	unterwegs 15	pijn, de	Schmerz 9
ongeluk, het	Unfall 13	pijn doen	wehtun 9
ongeveer	ungefähr 5	pilsje, het	Bier 3
onhandig	unpraktisch 18	pinnen	mit der Karte zahlen 7
onmiddellijk	unverzüglich / sofort 18	plaats, de	Platz 2
ons	unser 2; uns 6, 11	plan, het	Plan 4
onthouden	merken / behalten 11	plannen	planen 14
onze	unser 2	plat	flach 15
ook	auch 1	plattegrond, de	Plan 12
oom, de	Onkel 2	plezier, het	Spaß 16
op	auf 1	politie, de	Polizei / Wache 18
open	offen 8	politieagent, de	Polizist 18
openbaar vervoer, het	öffentliche Verkehrsmittel 14	pony, de	Pony 15
opendoen	aufmachen 11	poosje, het	kleine Weile / etwas 3
openen	öffnen 17	portemonnee, de	Portemonnaie 18
opgaan	hinaufgehen 12	portier, de	Pförtner / Portier 12
ophalen	abholen 10	positief	positiv 4
ophangen (de telefoon)	auflegen 17	postcode, de	Postleitzahl 1
		prachtig	wunderschön 4
opletten	aufpassen 15	praktijk, de	Praxis 10
oplossen	lösen 17	praten	sprechen 11
opnemen (de telefoon)	aufnehmen 17	praten over koetjes en kalfjes	über Gott und die Welt reden 13
opschrijven	aufschreiben 11	precies	genau 17
orde, in - maken	reparieren 10	prettig	schön 5
oud	alt 8	prijs, de	Preis 5
ouders	Eltern 2	prima	gut 4
over	nach 2; über, von 4	proberen	probieren 7; versuchen 9
overal	überall 18	probleem, het	Problem 4
overdag	tagsüber 9	proeven	probieren 6
overleggen	besprechen / beratschlagen 8	programma, het	Programm 17
		proost	prost 3
overmorgen	übermorgen 2	provider, de	Anbieter / Provider 17
oversteken	überqueren 12	raam, het	Fenster 6
paar, het	Paar / paar 7	rang, de	Rang 16
paella, de	Paella 6	reactie, de	Reaktion 9
pak, het	Päckchen 15	reageren	reagieren 4
pakket, het	Paket 17	recept, het	Rezept 9
papier, het	Papier 11	rechtdoor	geradeaus 12
paprika, de	Paprika 5	rechterkant	rechte Seite 12
park, het	Park 8	rechts	rechts 12
pas	erst 2	rechts afslaan	rechts abbiegen 10
pasje, het	Ausweis 18	rechtsaf	nach rechts 12
paskamer, de	Ankleidekabine 7	regenen	regnen 10

reis, de	Reise 11	snijden	schneiden 13
reizen	fahren 14	soep, de	Suppe 6
rekening, de	Rechnung 6; Konto 18	soms	manchmal 7
rem, de	Bremse 10	soort, de / het	Art 6
reserveren	reservieren 16	sorry	Entschuldigung 5
rest, de	Rest 6	Spaans	spanisch 3
restaurant, het	Restaurant 6	spaghetti	Spaghetti 4
retour, het	Rückfahrkarte 14	spekje, het	Speckwürfel 5
rij, de	Schlange 14	spelen	spielen 9
rijbewijs, het	Führerschein 18	spellen	buchstabieren 1
rijden	fahren 10	spijkerbroek, de	Jeans 7
rijp	reif 9	spoor, het	Bahnsteig 14
rijst, de	Reis 6	sport, de	Sport 11
rits, de	Reißverschluss 18	spreken	sprechen 1
roepen	rufen 3	staan	stehen 7
romantisch	romantisch 4	stad, de	Stadt 8
rondje, het	Runde 3	stamppot, de	Stampfkartoffeln (mit) 5
rood	rot 3	station, het	Bahnhof 12
roze	rosa 7	steeds	dauernd / ständig 18
rug, de	Rücken 9	stelen	stehlen 18
rug, achter de - hebben	etwas hinter sich haben 15	sterkte	gute Besserung 9; alles Gute 9
ruilen	umtauschen 7	stoel, de	Stuhl / Sessel 8
ruim	geräumig 8	stom	blöde / stumm 16
's avonds	abends 9	stoppen	aufhören 1
's middags	mittags / nachmittags 9	storing, de	Störung 17
's morgens	morgens 9	straat, de	Straße 4
's nachts	nachts 9	strak	eng 7
's ochtends	morgens 9	straks	gleich / nachher 1
salade	Salat 6	student, de	Student 11
samen	zusammen 3	studeren	studieren 11
samenwonen	zusammenwohnen 8	studie, de	Studium 11
scheef	schief 10	stuk, het	Stück 12
scherm, het	Schirm, Fenster 17	stuk(je), het	Stückchen 15
schijnen	sollen / scheinen 13	stuur, het	Lenker 10
schilderij, het	Gemälde 15	systeem, het	System 17
schrijven	schreiben 4	taal, de	Sprache 1
schuin	schräg 13	taart, de	Torte 11
seizoen, het	Saison, Jahreszeit 2	tafel, de	Tisch 6
serveerster, de	Kellnerin 6	tas, de	Tasche 15
shetlandpony, de	Shetlandpony 15	te	zu 6
sinds	seit 4	tegelijk	zugleich 17
slaapkamer, de	Schlafzimmer 8	tegelijkertijd	gleichzeitig 17
slager, de	Schlachter / Fleischer / Metzger 5	tegen	gegen 9
		tegenkomen	treffen 4
slagroom, de	Schlagsahne 6	tegenover	gegenüber 12
slapen	schlafen 9	tekst, de	Text 1
slecht	schlecht 4	telefoneren	telefonieren 17
slim	schlau / klug 18	telefonist, de	Telefonist 17
sluiten	schließen 10	telefoon, de	Telefon 17
snel	schnell 10		

telefoon opnemen	ans Telefon gehen / den Hörer abnehmen 17	vanavond	heute Abend 9
terras, het	Straßencafé / Terrasse 18	vandaag	heute 2
terwijl	während 18	vanmiddag	heute Mittag / Nachmittag 9
thuis	zu Hause 4		
tijd, de	Zeit 11	vanmorgen	heute Morgen / Vormittag 9
tiptop	tipptopp 10		
toch	doch 6	vannacht	heute Nacht 9
toe zijn aan	reif sein für 13	vanochtend	heute Morgen / Vormitag 9
toen	als 18		
toetje, het	Nachtisch 6	vanzelf	von selbst 12
toevallig	zufälligerweise 11	vaste telefoon, de	Festnetztelefon 17
toilet, het	Toilette 12	veel	viel 4
tomaat, de	Tomate 5	vegetarisch	vegetarisch 6
tot	bis 1, 12	veilig	sicher 15
tot dan	bis dann 4	Venetië	Venedig 4
tot morgen	bis morgen 1	ver	weit 8
tot straks	bis gleich / nachher 1	veranderen	verändern 17
tot ziens	auf Wiedersehen 1	verder	weiter 5
tot zo	bis gleich 1	verdergaan	weitermachen 1
total loss	Totalschaden 10	verdieping, de	Geschoss / Stockwerk 8
trakteren	einen ausgeben 3	verdriet, het	Kummer 13
tram, de	Straßenbahn 12	verdriet hebben om	traurig sein wegen 13
trap , de	Treppe 12	vergeten	vergessen 9
trapper, de	Pedal 10	vergissen, zich	sich irren 11
trein, de	Zug 14	verhaal, het	Erzählung / Geschichte 16
trouwens	übrigens 14		
T-shirt, het	T-Shirt 7	verhuren	vermieten 8
tuin , de	Garten 8	verjaardag, de	Geburtstag 3
tussen	zwischen 17	verjaardag, op je -	auf deinen Geburtstag 3
tweede klas	zweite Klasse 14	verkeer, het	Verkehr 13
type, het	Typ 2	verkeerd	falsch 16
typisch	typisch 5	verkeerd verbonden	falsch verbunden 18
u	Sie 1; Ihnen, Sie 7; sich 11	verkoopster, de	Verkäuferin 7
		verkouden	erkältet 13
uit	aus 1	verontschuldigen	entschuldigen 13
uitdoen	ausziehen 13	vers	frisch 5
uitgebreid	ausführlich 14	verschil, het	Unterschied 15
uitlopen	bis zum Ende (gehen) 12	verschillend	verschiedene 7
uitstekend	ausgezeichnet 4	verschrikkelijk	schrecklich / furchtbar 9
uur, het	Uhr 2; Stunde 2	verstaan	verstehen 10
uw	Ihr 2	vertellen	erzählen 2
vaak	oft 5	vertraging, de	Verspätung 14
vaas, de	Vase 13	vertrekken	abfahren 14
vader, de	Vater 2	vervelen, zich	sich langweilen 11
vakantie, de	Urlaub 2	vervelend	ärgerlich 11
vakantie, op -	im / in Urlaub 2	verwarming, de	Heizung 13
vallen	fallen 10	vet	fett 6
van alles	alles Mögliche 9	via	über / im 18
van	von 1	vieren	feiern 3
vanaf	ab 12	vierkant	Quadrat 8
		vierkante meter, de	Quadratmeter 8

Bijlagen

vies	ekelhaft / schmutzig 6	wandelreis, de	Wanderreise 11
vinden	finden 4	wanneer	wann 2
vinden van	halten von 6	want	denn 8
vis, de	Fisch 13	warm	warm 13
vlees, het	Fleisch 6	wat gezellig	wie schön 11
vliegtuig, het	Flugzeug 15	wat interessant	wie interessant 11
voelen, zich	sich fühlen 9	wat jammer	wie schade 11
voetbalvereniging, de	Fußballverein 9	wat lekker	wow, lecker 11
vol	voll 9	wat leuk	wie schön 2
vol tarief	voller Fahrpreis 14	wat stom	zu blöde 16
volgen	folgen 12	wat toevallig	welch ein Zufall 11
volgend	nächst 4	wat vervelend	wie ärgerlich 11
volgens	nach / laut 13	wat voor	was für 7
volgens mij	meiner Meinung nach 13	wat	was 1, etwas 6, 8
voor	für 2; vor 2	wauw	wow / toll 4
voorbereiden op, zich	sich vorbereiten auf 11	wc, de	WC 8
voorbijganger, de	Passant 12	we	wir 1
voordat	bevor 18	website, de	Website 17
voordeel, het	Vorteil 8	wedstrijd, de	Wettskampf / Spiel 9
voorgerecht, het	Vorspeise 6	wedstrijdje, het	Wettskampf / Spiel 9
voorjaar, het	Frühjahr 2	week, de	Woche 4
voornaam, de	Vorname 1	weekje, het	Woche 4
voorstellen, zich	sich vorstellen 1	weekend, het	Wochenende 5
voorstelling, de	Vorstellung 16	weer, het	Wetter 13
vorig	letzt 9	weer	wieder 2
vork, de	Gabel 6	weg, de - vragen	nach dem Weg fragen 12
vraag, de	Frage 17	weg, de - weten	sich auskennen 11
vragen	fragen 4, 10	weg, de - wijzen	den Weg erklären 12
vreemd	komisch / merkwürdig 17	wegfietsen	wegfahren (mit dem Rad) 10
vriend, de	Freund 4	wegglijden	ausrutschen 10
vriendin, de	Freundin 6	wei, de	Weide 15
vrij	frei 2	weinig	wenig 7
vroeg	früh 13	wel	wohl 2; schon / allerdings 8
vroeger	früher 15		
vrucht, de	Frucht 6	welk	welch 1; was für ein 2
waar	wahr 8	welkom	willkommen 1
waar	wo 1	welterusten	schlaf(t) gut 15
waar ... vandaan	woher 1	wensen	wünschen 4
waarmee	womit 17	werk, het	Arbeit 2
waar naartoe	wohin 5	werken	arbeiten 9, funktionieren 14
waarom	warum 2, 14		
waarop	worauf 17	westen, het	Westen 8
waarschijnlijk	wahrscheinlich 17	weten	wissen 2
wachten	warten 17	wie	wer 1
wachtende, de	Wartende, Anrufer 17	wiel, het	Rad 10
wachtwoord, het	Passwort 17	wij	wir 1
wakker maken	wecken 15	wijd	weit 7
wandelbeurs, de	Wandermesse 11	wijn, de	Wein 3
wandelen	wandern / spazieren gehen 11	willen	möchten / wollen 2
		winkel, de	Laden / Geschäft 4

winter, de	Winter 2	ziek	krank 9
wit	weiß 7	zien	sehen 8
wonen	wohnen 1	zij	sie 1
woning, de	Wohnung / Haus 8	zijn	sein 1
woonkamer, de	Wohnzimmer 8	zin hebben (om)	Lust haben 4
woonruimte, de	Wohnraum 8	zitten	sitzen 2
woord, het	Wort 17	zo	so 2
worden	werden 11	zo meteen	gleich 15
zaak, de	Geschäft 7	zo snel mogelijk	so bald wie möglich 8
zadel, het	Sattel 10	zo'n	so ein 14
zalf, de	Salbe 9	zoals	wie 9
ze	sie 1, ihr 7	zodat	sodass 18
zeer	Schmerz 9; sehr	zodra	sobald 18
zeg	sag mal 4	zoeken	suchen 7
zeggen	sagen 1	zomer, de	Sommer 2
zeker	sicher 12	zomerhitte, de	Sommerhitze 16
zelf	selbst 10	zonder	ohne 6
zetten	stellen 13	zonnig	sonnig 8
zich	sich 11	zoon, de	Sohn 2
zich herinneren	sich erinnern 11	Zuid-Afrikaans	südafrikanisch 3
zich interesseren	sich interessieren 11	zuinig	sparsam 14
zich vergissen	sich irren 11	zulk	solch 18
zich vervelen	sich langweilen 11	zullen	sollen / werden 3, 4
zich voelen	sich fühlen 9	zus, de	Schwester 2
zich voorbereiden op	sich vorbereiten auf 11	zwart	schwarz 7
zich voorstellen	sich vorstellen 1	zwemmen	schwimmen 11

Familierelaties	**Familienbeziehungen (hoofdstuk 2)**
het gezin	Familie (Eltern + Kinder)
de ouders	Eltern
de vader	Vater
de moeder	Mutter
het kind	Kind
de zoon	Sohn
de dochter	Tochter
de broer	Bruder
de zus	Schwester
broer(s) en zus(sen)	Geschwister
de familie	Familie (Verwandtschaft)
de oom	Onkel
de tante	Tante
de neef	Neffe / Cousin
de nicht	Nichte / Cousine

Dagen van de week	**Wochentage (hoofdstuk 2)**
maandag	Montag
dinsdag	Dienstag
woensdag	Mittwoch
donderdag	Donnerstag

Bijlagen

vrijdag	Freitag
zaterdag	Samstag
zondag	Sonntag

Maanden	**Monate (hoofdstuk 2)**
januari	Januar
februari	Febuar
maart	März
april	April
mei	Mai
juni	Juni
juli	Juli
augustus	August
september	September
oktober	Oktober
november	November
december	Dezember

De groente	**Gemüse (hoofdstuk 5)**
de courgette	Zucchini
de paprika	Paprika
de tomaat	Tomate
de andijvie	Endivie
de aardappel	Kartoffel
de bloemkool	Blumenkohl
de champignon	Champignon
het boontje	Bohne
de knoflook	Knoblauch
de komkommer	Salatgurke
de sla	Salat
de broccoli	Brokkoli
de kool	Kohl
de witte kool	Weißkohl
de rode kool	Rotkohl
de boerenkool	Grünkohl
de zuurkool	Sauerkraut
de ui	Zwiebel
de wortel	Möhre

Het fruit	**Obst (hoofdstuk 5)**
de appel	Apfel
de peer	Birne
de sinaasappel	Apfelsine
de mandarijn	Mandarine
de kiwi	Kiwi
de banaan	Banane
de aardbei	Erdbeere
de druif	Traube
de perzik	Pfirsich

6 Register

De kleding = kleren	**Kleidung (hoofdstuk 7)**
de broek	Hose
de spijkerbroek	Jeans
het T-shirt	T-Shirt
de trui	Pullover
de bloes	Bluse
het overhemd	Oberhemd
de rok	Rock
de jurk	Kleid
de jas	Mantel / Jacke
de schoenen	Schuhe

Kleuren	**Farben (hoofdstuk 7)**
wit	weiß
zwart	schwarz
grijs	grau
rood	rot
blauw	blau
geel	gelb
groen	grün
bruin	braun
paars	violett
roze	rosa
oranje	orange
donker	dunkel
licht	hell

Soorten woonruimte	**Wohnungstypen (hoofdstuk 8)**
een bepaald type woning	ein bestimmter Wohnungstyp
de woning	Wohnung / Haus
het huis	Haus / Wohnung
de flat	Appartement / Etagenwohnung
het appartement	Appartement
de bovenwoning	Wohnung im Obergeschoss
de benedenwoning	Parterrewohnung
de verdieping	Stockwerk / Geschoss
de begane grond	Erdgeschoss

In en bij het huis	**Im und am Haus (hoofdstuk 8)**
de woonkamer	Wohnzimmer
de slaapkamer	Schlafzimmer
de keuken	Küche
de gang	Flur / Korridor
de wc	WC / Toilette
de badkamer	Badezimmer
het raam	Fenster
de deur	Tür
het balkon	Balkon
de tuin	Garten
het schuurtje	Schuppen
de garage	Garage

Bijlagen

Meubels	**Möbel (hoofdstuk 8)**
de tafel	Tisch
de stoel	Stuhl / Sessel
de bank	Couch / Sofa
het bed	Bett
het bureau	Schreibtisch

Lichaamsdelen	**Körperteile (hoofdstuk 9)**
het hoofd	Kopf
de nek	Nacken
de buik	Bauch
de rug	Rücken
de arm	Arm
de schouder	Schulter
de pols	Handgelenk
de hand	Hand
de vinger	Finger
het been	Bein
de knie	Knie
de enkel	Fußgelenk
de voet	Fuß
het gezicht	Gesicht
de mond	Mund
het oog	Auge
de neus	Nase
het oor	Ohr

De fiets	**Fahrrad (hoofdstuk 10)**
het stuur	Lenker
de bel	Klingel
het licht	Licht
het wiel	Rad
de band	Reifen
de trapper	Pedal
de standaard	Ständer
het zadel	Sattel
de bagagedrager	Gepäckträger

Bijlage 7
Antwoorden

Opdracht 1

1 hij – 2 je – 3 hij – 4 jullie – 5 ik – 6 u – 7 zij / ze – 8 zij / ze – 9 jij, jij / je – 10 je / u, je / u

Opdracht 2

1 hebben – 2 gaan – 3 kunt – 4 geeft – 5 komt – 6 heeft – 7 stoppen – 8 spreek – 9 komen – 10 begint – 11 wonen – 12 is

Opdracht 5

1 ons – 2 mijn – 3 uw – 4 jullie – 5 haar – 6 zijn – 7 onze – 8 hun – 9 jouw – 10 zijn

Opdracht 6

1 hoe – 2 wat – 3 waar – 4 welke – 5 wie – 6 hoe – 7 wat – 8 waar – 9 welke – 10 welk – 11 wie – 12 wanneer

Opdracht 9

het adres	het gezin	de zus
de broer	het haar	het seizoen
het café	de zomer	de maand
de cursus	de kantine	het land
het rondje	de koffie	de pauze
de foto	het pilsje	de tekst

Opdracht 10

1 Donderdag is Joyce jarig. – 2 In de kantine drinken we koffie. – 3 Op het moment zijn ze in Indonesië. – 4 Dat weet ik niet. – 5 In de winter wonen ze in Barcelona. – 6 Na de pauze gaan we verder. – 7 Silkes adres heb ik niet. – 8 Later spreken we over de tekst. – 9 Nu neem ik ook wijn. – 10 Vandaag geeft Eddy les. – 11 Morgen beginnen we met tekst 3. – 12 Op bladzijde 2 begint de tekst.

Opdracht 13

1 Zullen we een weekje naar Parijs gaan? – 2 Zullen we hier iets drinken? – 3 Zal ik in de kantine kijken? – 4 Zal ik de ober roepen? – 5 Zal ik mijn naam spellen? – 6 Zal ik haar adres geven? – 7 Zullen we spaghetti maken? – 8 Zullen we een boek geven?

Opdracht 14

1 dat – 2 Doe – 3 dan – 4 mee – 5 vind – 6 met

Bijlagen

Opdracht 18

1 goed – 2 fantastische – 3 leuke – 4 Prettig – 5 lekker – 6 verse – 7 Duitse – 8 groot – 9 mooie – 10 Nederlandse, Duitse – 11 mooi, vers – 12 leuke

Opdracht 19

de vormen van de pluralis: cd's – brillen – paprika's – kantines – tomaten – komkommers – broers – weken – pilsjes – voornamen

films – docenten – cafés – pauzes – aardappels, aardappelen – boeken – zussen – maanden – kopjes – buurmannen

Opdracht 22

1 zullen – 2 kunnen – 3 wil – 4 kunnen – 5 moeten – 6 mogen – 7 wil – 8 mag – 9 zal – 10 kunnen

Opdracht 23

1 Kun / Kan / Wil – 2 moet – 3 kunt / mag – 4 wil – 5 Kun / Kan – 6 Zal – 7 Mag – 8 Mag – 9 wil – 10 moet – 11 Mag – 12 Kan – 13 zullen / moeten / willen – 14 Zullen

Opdracht 26

1 deze, die / die, deze – 2 deze, die – 3 deze – 4 die – 5 dit – 6 die – 7 dit – 8 deze – 9 dit – 10 dit

Opdracht 27

1 hem – 2 me – 3 haar – 4 het – 5 hen – 6 ze – 7 je – 8 ons – 9 hem – 10 het

Opdracht 39

1 versta, nog een keer – 2 herhalen – 3 zeg, bedoel – 4 betekent – 5 zeg je dat – 6 Zeg je dat zo – 7 bedoelde – 8 betekent – 9 betekent – 10 bedoelt – 11 betekent

Opdracht 41

1 a – 2 a – 3 b – 4 b – 5 a – 6 a / b – 7 b – 8 b – 9 b – 10 b

Opdracht 43

1 me – 2 ons – 3 je – 4 je – 5 zich – 6 u – 7 zich – 8 elkaar – 9 zich

Opdracht 47

1 Zij woont samen met haar vriend. / Zij woont met haar vriend samen. – 2 Waar ben je ingestapt? – 3 Dat heb ik niet met je afgesproken. – 4 Hij ging een paar minuten geleden de trap af. – 5 Hoe laat kom ik dan aan? – 6 U moet daar de trap opgaan. – 7 Reken jij even af? – 8 Ik kwam Koen gisteren tegen in de supermarkt. / Ik kwam Koen gisteren in de super-

7 Antwoorden

markt tegen. – 9 Ik ga verder met les 12. / Ik ga met les 12 verder. – 10 U kunt daar de weg oversteken.

Opdracht 52

1 Ik zal de verwarming aandoen. – 2 Ik zal u morgen bellen. – 3 Dan zal ik spaghetti carbonara maken. – 4 Ik zal even kijken. – 5 Ik zal hem helemaal controleren.

Opdracht 53

1 d – 2 h – 3 a – 4 f – 5 g – 6 e – 7 c – 8 b

Opdracht 56

1 De weg zal wel glad zijn. – 2 Ze zullen elkaar wel van de cursus kennen. – 3 Dat zal ze wel een goed idee vinden. – 4 Ze zal wel geen wijn drinken. – 5 Je zult / zal wel op tijd aankomen. – 6 Deze cd zul / zal je wel leuk vinden. – 7 Dat zul / zal je wel op internet kunnen vinden. – 8 Je zult / zal wel even iets willen drinken. – 9 Je zult / zal wel te veel aardbeien hebben gegeten / gegeten hebben. – 10 Hij zal dat wel vaker hebben gedaan / gedaan hebben.

Opdracht 61

1 dat, die – 2 dat – 3 die – 4 die – 5 dat – 6 dat – 7 die – 8 die – 9 dat – 10 die – 11 dat – 12 die – 13 dat – 14 dit

Opdracht 65

1 of – 2 en – 3 dus – 4 en – 5 maar – 6 want – 7 of – 8 maar – 9 want – 10 dus

Opdracht 73

1 We vonden nog een plaats op het terras hoewel het erg druk was. – 2 Je kunt internet nu niet gebruiken omdat er een storing is. – 3 We wonen met vijf studenten in een huis zodat we niet zo duur wonen. – 4 Ik koop een nieuwe computer zodra deze computer kapotgaat. – 5 Je moet zelf alle instellingen controleren voordat je de internetprovider belt. – 6 Mijn portemonnee is gestolen toen ik even met iemand naast ons praatte. – 7 Je mag niet naar binnen als de film al is begonnen / begonnen is. – 8 Charlotte kan geen geld opnemen omdat ze haar bankpas kwijt is. – 9 Ik ga pas een nieuwe kast kopen nadat ik een kamer heb gevonden. – 10 Bas kookt het eten, terwijl Maria de auto naar de garage brengt.

Opdracht 74

1 … als je nog langer wilt blijven. – 2 … voordat je hier kunt studeren. – 3 … omdat ik bij mijn tante mocht logeren. – 4 … toen ik een nieuw mobieltje moest kopen. – 5 … omdat er vanmiddag een monteur zal komen. – 6 … hoewel ik liever wil lopen. – 7 … zodat we iets kunnen afspreken. – 8 … zodra ik weer kan pinnen. – 9 … terwijl ik nog moet werken. – 10 … hoewel het wel duur zal zijn.